资源拓展-应用型会计系列规划教材

国家级精品课程配套教材

会计学基础
习题与专项训练 (第三版)

FUNDAMENTAL ACCOUNTING
EXERCISES AND SPECIAL PRACTICES

李占国　主　编

程良友　张威帆　副主编

东北财经大学出版社
Dongbei University of Finance & Economics Press　　大连

U0674842

图书在版编目（CIP）数据

会计学基础习题与专项训练 / 李占国主编 . —3版 . —大连：东北财经大学出版社，2024.3

（资源拓展-应用型会计系列规划教材）

ISBN 978-7-5654-5167-6

Ⅰ．会…　Ⅱ．李…　Ⅲ．会计学-高等学校-教学参考资料　Ⅳ．F230

中国国家版本馆 CIP 数据核字（2024）第 049181 号

东北财经大学出版社出版

（大连市黑石礁尖山街 217 号　邮政编码　116025）

网　　址：http://www.dufep.cn

读者信箱：dufep@dufe.edu.cn

大连天骄彩色印刷有限公司印刷　　东北财经大学出版社发行

幅面尺寸：185mm×260mm　字数：275 千字　印张：11.25　插页：1

2024 年 3 月第 3 版　　　　　　　　2024 年 3 月第 1 次印刷

责任编辑：李　栋　曲以欢　　　　　责任校对：刘贤恩

封面设计：原　皓　　　　　　　　　版式设计：原　皓

定价：32.00 元

第三版前言

习近平总书记在党的二十大报告中明确指出："教育是国之大计、党之大计。培养什么人、怎样培养人、为谁培养人是教育的根本问题。育人的根本在于立德。全面贯彻党的教育方针，落实立德树人根本任务，培养德智体美劳全面发展的社会主义建设者和接班人。"培养什么人、怎样培养人、为谁培养人是教育的根本问题，关乎党和人民事业发展的根本，决定着我国教育现代化的"四梁八柱"，事关中国特色社会主义事业后继有人的全局。

应用型本科教育教学改革改到深处是课程，改到痛处是教师，改到实处是教材。教材是教学的直接依据，是解决"培养什么人、怎样培养人、为谁培养人"这一根本问题的重要载体，所以，加强教材建设是应用型本科教育顺利实施的关键。

自2020年《会计学基础习题与专项训练》第二版出版以来，会计准则与税收法规发生了较大变化，对会计教学产生了诸多影响，应东北财经大学出版社的要求，作者对该书进行了修订。本次修订除了秉承原有的编写风格与特色外，与主教材《会计学基础》相配套，在以下两个方面进行了修改与完善：

第一，更新有关原始凭证的内容与格式。❶根据会计实务中的结算方式，增加了企业网银结算方式的有关原始凭证；❷按照最新税收法规，将增值税专用发票纸质、电子格式，全部更新为"全面数字化的电子发票（简称数电票）"。

第二，提供了纸质练习与计算机电子练习两套练习方式。❶提供了纸质资料的练习方式，具有直观性并方便教师进行指导；❷充分利用现代信息技术，以出版社"财济书院"网站平台为依托，扫描二维码对客观题进行在线练习，而主观题则可扫描二维码将相应的练习用纸下载到计算机上，利用电子账表进行练习并通过"财济书院"网站平台进行提交。

本次修订由上海建桥学院李占国担任主编，由四川工商学院程良友、上海电机学院张威帆担任副主编。具体分工如下：由李占国编写第一章、第二章、附录1及附录2中第一章至第二章的相关内容；由程良友编写第三章至第六章及附录2中第三章至第六章的相关内容；由张威帆编写第七章至第十章及附录2中第七章至第十章的相关内容；最后，由李占国进行总纂并定稿。尽管我们花费了大量时间并进行了艰辛的探索，但鉴于作者才疏学浅，不妥之处在所难免，祈请读者和同行专家不辞赐教，以便再版时修订，此实乃万幸之至。

作　者
2023年12月

第二版前言

"会计学基础"课程的教学特点主要有两个：一是会计学的入门性；二是核算方法具体操作的技巧性。作为"入门性"，需要通过大量的概念建立进行引导；作为"技巧性"，需要通过大量的具体操作加以运用。如何认识并按照"会计学基础"课程的教学特点进行教材建设，提高课程的教学质量，是我们多年来一直思考和探索的问题。

为了帮助读者更好地学习会计的基础知识、基本理论和实务操作技术，掌握会计学专业基础课程的学习方法，抓住"会计学基础"课程的重点和难点内容，提高分析问题、解决问题的能力以及应试能力，我们根据《会计学基础》（第二版）（李占国和黄怡婕主编，东北财经大学出版社，2019）及该课程考试大纲的内容和要求，编写了配套辅助教材《会计学基础习题与专项训练》，希望本书的出版能对读者走进会计学的神圣殿堂有所帮助。

本书具有以下特点：

第一，书中练习题均在最新会计准则及相关制度基础上进行编写。本书的内容结合了国际财务报告准则的最新动态，准确贯彻了财政部自2014年以来陆续修订、制定的企业会计准则及其他现行企业会计制度的最新精神，并体现了现行的企业所得税法、公司法及营业税改征增值税在会计中的运用。

第二，"入门性"引导，加深对理论教学内容的理解和掌握。为了方便读者对照主教材循序渐进地学习会计学基础课程的内容，本书按照主教材《会计学基础》每一章应掌握的知识点，通过单项选择题、多项选择题、判断题、专项训练等多种题型，让同学们尽快入门并建立会计学的基本概念框架，加深对理论教学内容的理解和掌握。

第三，"技巧性"训练，培养学生的实际操作能力。配合课堂理论教学内容，针对每一具体会计核算方法，本书通过专项训练的方式，寓实战于练习之中，让读者熟练掌握会计核算方法的具体运用和操作技巧，旨在培养学生的实际操作能力。

第四，将会计实务中的编制记账凭证和会计教学中的编制会计分录进行有机的结合，有利于培养读者的会计职业判断能力。在对第六章"制造业企业主要交易或事项的核算"的账务处理进行练习时，要求填写摘要、指出附件及张数并思考所涉及的原始凭证名称，指出所编记账凭证的种类及编号，旨在培养读者的会计职业判断能力。

第五，引入现代二维码技术，提供预习要览及有关参考答案。❶预习要览包括：作为指明学习方向的本章学习目的与要求、作为学习指导的本章重点与难点点拨。❷提供了练习题及项目训练的参考答案，可供读者做完练习题及专项训练之后对照参考。❸以二维码形式嵌入以上内容，通过手机扫描二维码可获取更多的学习资源，既减少篇幅、节约成本，又拓展了学生的学习时间与空间。

第六，提供习题答案用纸和专项训练用账表，既方便学生做练习和作业提交，又方便教师批阅。本书以附录的形式提供了习题答案用纸及专项训练用账表，且每一章均单页码起排，并在书脊右侧进行裂线（钢模压线），既方便学生做练习和作业撕裁提交，又方便教师批阅及作业保存。

本书由上海建桥学院李占国和黄怡婕担任主编。教材编写是一项严肃认真且相当繁琐的工作，尽管我们花费了大量时间并进行了艰辛的探索，但不妥之处在所难免，敬请广大读者批评指正。

作　者

2020 年 3 月

目　录

"财济书院"教学平台使用说明

为了便于教师的"教"与学生的"学",本书配有在线课程平台。使用本书的师生用手机扫描下方二维码下载财济书院 App,或者在财济书院(www.idufep.com)教学服务平台上完成注册,并输入本书封四学习卡中的激活码,就可以使用本书配套的电子课件、教案、章节测试等教学资源。教师可以在此基础上随时更新、完善与教材及教学相关的资源,开展定制化、个性化的教学。使用本书的师生还可以在 App 客户端开展点名、作业布置、成绩统计分析等互动式教学活动。

当然,读者也可扫描书中二维码直接在线答题——扫描本书中客观题自测二维码进行线上答题,提交后即可看到正确答案及详细的答案解析,实现了线上教学与线下教学的有效结合。

财济书院应用下载

第一章 绪 论

练习1-1 单项选择题

在下列每小题给出的4个备选项中，只有一个符合题意。要求：❶将所选的字母序号填写在题目后的括号内；❷同时，将该题所选的字母序号填写在本书附录2第一章表1-1"单项选择题答案用纸"中；❸或者，扫描"单项选择题自测"二维码进行在线回答，回答完毕并提交后可参看正确答案与答案解析。

1.下列各项中，不属于按行业性质划分企业类型的是（　　　）。

A.工业企业　　　　　B.服务业企业　　　C.商品流通企业　　　D.集体所有制企业

2.下列关于企业特征的说法中，不正确的是（　　　）。

A.可以自行设立的一种组织　　　　　B.以取得收入为目的，即以营利为目的

C.自主经营，独立核算，自负盈亏　　D.是一种从事经济活动的社会组织

3.下列关于非公司制企业的说法中，正确的是（　　　）。

A.是独立的法律主体　　　　　　　　B.股东负有有限的债务清偿责任

C.不是纳税主体　　　　　　　　　　D.具有独立的法人资格

4.《算术、几何、比及比例概要》一书的问世，标志着（　　　）。

A.古代会计的开始　　　　　　　　　B.近代会计的开始

C.现代会计的开始　　　　　　　　　D.单式记账法的问世

5.下列关于公司制企业的说法中，不正确的是（　　　）。

A.公司制企业包括国有独资公司、有限责任公司和股份有限责任公司

B.国有独资公司属于有限责任公司

C.有限责任公司可以公开募股，也可以发行股票

D.股份有限公司的发起人不一定必须认购公司发行的全部股份

6.企业经济活动的中心环节是（　　　）。

A.融资活动　　　　　B.投资活动　　　　C.营业活动　　　　　D.分配活动

7.企业利害关系人中，投资人（股东）的关注点主要是（　　　）。

A.企业的盈利能力和抗风险能力　　　B.企业的债务偿还能力及资产的流动性

C.企业的盈利能力和持续发展能力　　D.公司治理结构是否完善和有关税负是否合理

8.下列选项中，符合会计基本含义的是（　　　）。

A.会计是一种经济信息活动

B.会计是一个经济信息系统

C.会计是一个管理经济系统的工具

D.会计是提供经济信息并协助管理者作出合理经济决策的一种管理活动

9.下列选项中，属于会计的基本职能的是（　　　　）。

A.控制与监督　　　　B.反映与监督　　　　C.反映与核算　　　　D.反映与分析

10.下列选项中，会计作用的发挥取决于（　　　　）两个重要因素。

A.外部环境和内部环境　　　　　　　　B.外部环境和社会政治

C.内部环境和认识　　　　　　　　　　D.正面作用和负面作用

11.下列选项中，属于近代会计史中的两个里程碑的是（　　　　）。

A.首次出现"会计"二字构词连用和设置"司会"官职

B.生产活动中出现了剩余产品和进入会计萌芽阶段

C.帕乔利复式簿记著作的出版和爱丁堡会计师公会的成立

D.会计学基础理论的创立和会计理论与方法的逐渐分化

12.会计的反映职能不具有（　　　　）。

A.连续性　　　　B.主观性　　　　C.系统性　　　　D.全面性

13.下列选项中，属于会计目标的两种主要学术观点的是（　　　　）。

A.决策有用观与受托责任观　　　　　　B.决策有用观与信息系统观

C.信息系统观与管理活动观　　　　　　D.管理活动观与决策有用观

14.下列选项中，构成会计学科大致框架的是（　　　　）。

A.财务会计、管理会计和财务管理　　　　B.财务会计、管理会计、实证会计和审计

C.管理会计、实证会计和财务会计　　　　D.财务会计、管理会计、财务管理和审计

15.对会计交易或事项货币衡量的基础、标准或工具的选择，就是（　　　　）。

A.会计确认　　　　B.会计记录　　　　C.会计计量　　　　D.会计报告

16.下列选项中，不属于会计核算专门方法的是（　　　　）。

A.成本计算与复式记账　　　　　　　　B.错账更正与评估预测

C.编制报表与登记账簿　　　　　　　　D.设置账户与填制、审核会计凭证

17.下列会计方法中，属于基本方法的是（　　　　）。

A.会计核算方法　　　　　　　　　　　B.会计分析方法

C.会计监督方法　　　　　　　　　　　D.会计决策方法

18.财务会计处理过程的最终"产品"是（　　　　）。

A.会计凭证　　　　B.会计账簿　　　　C.财务报告　　　　D.会计要素

多项选择题自测

练习1-2　多项选择题

在下列每小题给出的5个备选项中，至少有2个符合题意。要求：❶将所选的字母序号填写在该题目后的括号内；❷同时，将该题所选的字母序号填写在本书附录2第一章表1-2"多项选择题答案用纸"中；❸或者，扫描"多项选择题自测"二维码进行在线回答，回答完毕并提交后可查看正确答案与答案解析。

1.下列关于企业特征的说法中，正确的有（　　　　）。

A.企业以营利为目的　　　　　　　　B.企业是一种从事经济活动的社会组织

C.企业必须依法设立　　　　　　　　D.企业以自身的资产对外承担责任

E.企业自主经营，独立核算，自负盈亏

2.下列企业的类型中，按照组织形式划分的有（　　）。

A.工业企业　　　　　B.个人独资企业　　　　C.小型企业

D.商业企业　　　　　E.合伙企业

3.下列说法中，属于非公司制企业特点的是（　　）。

A.不是独立法律主体　　　B.不是纳税主体　　　C.承担有限债务清偿责任

D.有出资额最低限制　　　E.可以发行股票筹集资金

4.依我国《公司法》的规定，下列关于股份有限公司的说法中，正确的是（　　）。

A.股份有限公司的财务必须公开　　　B.股份有限公司的投资者不超过50人

C.通过发行股票来筹集资本　　　　　D.股票可以溢价发行，也可以折价发行

E.如果是发起设立，发起人应认购公司发行的全部股份

5.下列选项中，属于会计反映职能一般特征的有（　　）。

A.具有客观性　　　　　　　　　　　B.具有连续性、系统性、全面性

C.以货币为主要计量单位　　　　　　D.包括事前反映、事中反映、事后反映

E.体现在记账、算账、报账三个阶段上

6.下列选项中，属于会计监督职能显著特征的有（　　）。

A.会计监督的标准性　　　　　　　　B.会计监督的强制性和严肃性

C.会计监督的合法性　　　　　　　　D.会计监督的合理性

E.会计监督的有效性

7.下列有关会计基本职能的关系的说法中，正确的有（　　）。

A.反映职能是监督职能的基础

B.监督职能是反映职能实现的保证

C.没有反映职能提供可靠的信息，监督职能就没有客观依据

D.没有监督职能进行控制，也不可能提供真实可靠的会计信息

E.两大职能是紧密结合、辩证统一的

8.会计交易是指企业与外部主体之间发生的价值交换行为，下列各项中，属于会计交易的有（　　）。

A.购入原材料　　　　　B.生产领用原材料　　　　C.投资者投入资本金

D.结转完工产品成本　　　E.计提本月职工的工资

9.企业筹集自有资金，根据投资主体的不同，可分为（　　）。

A.国家资本金　　　　　B.法人资本金　　　　C.个人资本金

D.外商资本金　　　　　E.集体资本金

10.下列关于会计产生与发展的说法中，正确的有（　　）。

A.会计是生产力发展到一定阶段的产物

B.会计是适应生产活动发展的需要而产生的

C.会计从产生、发展到现在经历了一个漫长的发展过程

D.近代会计史将复式簿记著作的出版和会计职业的出现视为两个里程碑

E.经济越发展，会计越重要

11.会计信息加工处理过程包括（　　　）。

A.会计确认　　　　　　　B.会计记录　　　　　　　C.会计核算

D.会计计量　　　　　　　E.会计报告

12.会计核算方法包括（　　　）。

A.成本计算和财产清查　　　　　　B.设置会计科目与账户及复式记账

C.填制和审核会计凭证　　　　　　D.登记账簿和编制会计报表

E.会计信息系统与会计职业

13.在会计核算方法体系中，连接其他核算方法的三个中心环节是（　　　）。

A.复式记账　　　　　　　B.登记会计账簿　　　　　C.编制会计报表

D.成本计算　　　　　　　E.填制和审核会计凭证

判断题自测

练习1-3　判断题

请判断下列每小题的正误，正确的用"√"表示，错误的用"×"表示。要求：❶在每小题后面的括号内填入判断结果；❷同时，将其判断结果填写在本书附录2第一章表1-3"判断题答案用纸"中；❸或者，扫描"判断题自测"二维码进行在线回答，回答完毕并提交后可参看正确答案与答案解析。

1.对于合伙企业，由于各合伙人之间互为代理，当某一合伙人的个人财产不足以清偿应承担的相应份额的债务时，其他合伙人应以个人财产代为清偿。　　　　　　　（　　）

2.非公司制企业不是独立的法律主体，但属于纳税主体。　　　　　　　　　（　　）

3.国有独资公司是由国家授权投资的机构或国家授权部门投资设立的公司，不属于有限责任公司。　　　　　　　　　　　　　　　　　　　　　　　　　　　　　（　　）

4.会计既反映过去发生的经济活动，又反映未来可能发生的经济活动。　　　（　　）

5.会计在产生的初期，只是作为"生产职能的附带部分"，之后随着剩余产品的不断减少，会计逐渐从生产职能中分离出来，成为独立的职能。　　　　　　　　　（　　）

6.会计的反映职能具体体现在记账、算账、报账三个阶段。　　　　　　　　（　　）

7.一般认为，在会计学说史上，将帕乔利复式簿记著作的出版和会计职能的出现视为近代会计史上的两个里程碑。　　　　　　　　　　　　　　　　　　　　　　（　　）

8.狭义的会计方法是指会计核算方法。　　　　　　　　　　　　　　　　　（　　）

9.会计报告不仅包括会计报表，还包括报表附注和其他报告，其中会计报表是会计报告的主要组成部分。　　　　　　　　　　　　　　　　　　　　　　　　　　（　　）

10.会计七大核算方法是一个完整的方法体系。　　　　　　　　　　　　　（　　）

11.企业与他人订立购货合同或与外单位签订销货合同，也应该是一种会计交易或事项。　　　　　　　　　　　　　　　　　　　　　　　　　　　　　　　　　（　　）

12.企业债主可以就其本息部分享有优先求偿权，但没有享有超额利益的权利。

（　　）

13.公司制企业的债务，是法人的债务，同时也是所有者的债务，所有者应承担连带还款责任。　　　　　　　　　　　　　　　　　　　　　　　　　　　　　　　（　　）

专项训练　撰写"会计学基础"课程学习计划与四年学业生涯规划

专项训练1

1.资料：

（1）您所在大学开学典礼上校长和资深教授代表的发言；（2）您所在二级学院院长和专业主任对学院及其专业的介绍；（3）您所在大学的类型（学术研究型、技术应用型）；（4）该门课程授课教师对课程的介绍与学习要求；（5）您自己的兴趣爱好与就业意向；（6）上网搜索有关学业规划与职业规划的文献。

2.要求：

根据以上资料，在教师指导下：（1）在本书附录2第一章专项训练的表1-4中撰写"会计学基础"课程学习计划与四年学业生涯规划。（2）或者：❶扫描"专项训练1"二维码并在下载的空白表1-4电子表格中撰写"会计学基础"课程学习计划与四年学业生涯规划；❷通过在"财济书院"网站上注册的账号，提交完成的电子表格。

第二章 会计要素与会计等式

单项选择题自测

练习 2-1 单项选择题

在下列每小题给出的4个备选项中，只有一个符合题意。**要求：❶**将所选的字母序号填写在题目后的括号内；**❷**同时，将该题所选的字母序号填写在本书附录2第二章表2-1"单项选择题答案用纸"中；**❸**或者，扫描"单项选择题自测"二维码进行在线回答，回答完毕并提交后可参看正确答案与答案解析。

1.对会计对象的具体划分称为（　　　　）。

A.会计确认　　　　B.会计原则　　　　C.会计要素　　　　D.会计方法

2.下列选项中，属于反映企业财务状况的会计要素的是（　　　　）。

A.收入　　　　B.所有者权益　　　　C.费用　　　　D.利润

3.下列关于所有者权益与负债的区别的说法中，不正确的是（　　　　）。

A.负债的求偿力高于所有者权益　　　　B.所有者的投资收益取决于企业的经营成果

C.债权人的求偿权有固定到期日　　　　D.所有者承受的风险低于债权人

4.下列选项中，不属于流动资产的是（　　　　）。

A.应收账款　　　　B.固定资产　　　　C.原材料　　　　D.交易性金融资产

5.下列选项中，不属于流动负债的是（　　　　）。

A.应付账款　　　　B.预收账款　　　　C.应付债券　　　　D.应交税费

6.下列各项中，属于固定资产的是（　　　　）。

A.为生产产品所使用的车床　　　　B.正在生产之中的车床

C.已生产完工验收入库的车床　　　　D.已购入但尚未安装完毕的车床

7.下列关于所有者权益的说法中，错误的是（　　　　）。

A.所有者权益也称为净资产　　　　B.留存收益就是企业留存下来的净利润

C.所有者权益是所有者对企业资产的剩余索取权

D.投资者只能对经营成果分享权利，不享有资产管理权

8.下列各项目中，不属于狭义收入项目的是（　　　　）。

A.投资收益　　　　B.营业外收入　　　　C.主营业务收入　　　　D.其他业务收入

9.下列关于费用的说法中，不正确的是费用（　　　　）。

A.应当是企业在日常活动中发生的　　　　B.会导致资产的减少或者负债的增加

C.包括企业向所有者分配的利润　　　　D.最终会导致所有者权益的减少

10.下列选项中，不属于计算营业利润时需要考虑的项目的是（　　　　）。

A.投资收益　　　　B.营业外支出　　　　C.主营业务成本　　　　D.其他业务成本

11.下列选项中，构成企业所有者权益主体的是（　　　）。

A.盈余公积　　　　B.资本公积　　　　C.实收资本　　　　D.未分配利润

12.下列各项经济业务中，引起资产和权益同时减少的是（　　　）。

A.购入材料，货款未付　　　　　　　B.以银行存款支付采购办公用品款

C.以银行存款偿还银行借款　　　　　D.以银行存款购入机器一台

13.下列经济业务中，能引起权益方有增有减变动的是（　　　）。

A.向银行取得短期借款转存银行　　　B.售出机器一台，款项收存银行

C.以银行存款支付短期借款利息　　　D.将应付账款转换为应付票据

14.下列经济业务中，引起资产方有增有减变动的是（　　　）。

A.收回欠款，存入银行　　　　　　　B.赊购机器设备一台

C.向银行取得短期借款转存银行　　　D.收到投资人投入的货币资金

15.企业所拥有的权利从归属来看，一部分属于投资者，另一部分属于（　　　）。

A.企业职工　　　　B.债权人　　　　C.债务人　　　　D.企业法人

16.企业按规定将资本公积转增资本，这笔经济业务所反映的是（　　　）。

A.资产内部有关项目同时增加　　　　B.资产和权益有关项目同时增加

C.权益内部有关项目同时减少　　　　D.权益内部有关项目有增有减

17.《企业会计准则第14号——收入》规定，企业的日常经营收入不包括（　　　）。

A.销售商品的收入　　　　　　　　　B.他人使用本企业资产取得的收入

C.提供劳务的收入　　　　　　　　　D.出售固定资产的收入

18.下列经济业务中，会使企业月末资产总额发生变化的是（　　　）。

A.从银行提取现金　　　　　　　　　B.购买原材料，货款未付

C.购买原材料，货款已付　　　　　　D.将库存现金存入银行

19.下列各项中，不属于资产特征的是（　　　）。

A.必须是能看得见摸得着的实物　　　B.必须能以货币计量

C.预期会给企业带来经济利益　　　　D.被企业所拥有或控制

20.经济业务发生仅涉及资产会计要素时，将会引起该要素中某些项目发生（　　　）。

A.同增变动　　　　B.同减变动　　　　C.不变动　　　　D.一增一减变动

21.流动资产是指其变现或耗用的期限在（　　　）。

A.1年以内　　　　　　　　　　　　　B.1年内或超过1年的一个营业周期内

C.一个营业周期内　　　　　　　　　D.超过1年的一个营业周期以上

22.某企业刚刚建立时，权益总额为100万元，现发生一笔以银行存款10万元偿还银行借款的经济业务，此时，该企业的资产总额为（　　　）。

A.100万元　　　　B.110万元　　　　C.120万元　　　　D.90万元

23.某企业资产总额为500万元，如果发生以下经济业务：（1）收到外单位投资40万元存入银行；（2）以银行存款支付购入材料款12万元；（3）以银行存款偿还银行借款10万元，这时企业资产总额为（　　　）。

A.536万元　　　　B.528万元　　　　C.548万元　　　　D.530万元

24.所有者权益从数量上看，是（　　　）。

A.流动资产减去流动负债的余额　　　B.长期资产减去长期负债的余额

C.全部资产减去流动负债的余额　　　　　D.全部资产减去全部负债的余额

25.下列等式中，错误的是（　　　）。

A.资产=负债+所有者权益　　　　　　　B.资产+收入=负债+所有者权益+费用

C.资产=负债+所有者权益+利润　　　　　D.资产+费用=负债+所有者权益+收入

26.下列关于一家企业的资产总额与所有者权益总额的说法中，正确的是（　　　）。

A.必然相等　　　　B.有时相等　　　　C.不会相等　　　　D.只在期末时相等

27.一项资产增加、一项负债增加的经济业务发生后，会使资产与所有者权益总额发生变化，下列各项中，正确的是（　　　）。

A.其会发生同增的变动　　　　　　　　　B.其会发生同减的变动

C.其不会变动　　　　　　　　　　　　　D.其会发生不等额的变动

28.某企业用盈余公积转增了实收资本，则此业务对会计要素的影响是（　　　）。

A.资产增加　　　　　　　　　　　　　　B.负债减少

C.所有者权益增加　　　　　　　　　　　D.所有者权益不变

29.下列各项中，不属于利得的是（　　　）。

A.企业接受政府补助取得的资产　　　　　B.处理固定资产的净收益

C.销售原材料获取的收益　　　　　　　　D.流动资产价值变动

30.我们一般将企业所有者权益中的盈余公积和未分配利润称为（　　　）。

A.实收资本　　　　B.资本公积　　　　C.留存收益　　　　D.所有者权益

31.依据我国企业会计准则的规定，下列有关收入和利得的表述中，正确的是（　　　）。

A.收入源于日常活动，利得也可能源于日常活动

B.收入会影响利润，利得也一定会影响利润

C.收入源于日常活动，利得源于非日常活动

D.收入会导致所有者权益增加，利得不影响所有者权益

32.对会计六要素进行初始确认的条件，包括有关经济利益很可能流入或流出企业，这里的"很可能"表示经济利益流入或流出的可能性在（　　　）以上。

A.40%　　　　　　B.50%　　　　　　C.60%　　　　　　D.90%

33.利润的确认与计量依赖于（　　　）。

A.收入要素的确认与计量　　　　　　　　B.收入要素与费用要素的确认与计量

C.费用要素的确认与计量　　　　　　　　D.广义收入与广义费用的确认与计量

34.对生产过程中的各项耗费进行计量的原则一般是（　　　）。

A.历史成本　　　　B.现行成本　　　　C.重置成本　　　　D.可变现净值

35.确定会计核算工作空间范围的前提条件或基本假设是（　　　）。

A.会计主体　　　　B.持续经营　　　　C.会计分期　　　　D.货币计量

36.下列会计假设中，属于界定会计工作时间范围的是（　　　）。

A.会计主体　　　　B.持续经营　　　　C.会计分期　　　　D.货币计量

37.会计分期假设是对（　　　）会计假设的必要补充。

A.会计主体　　　　B.持续经营　　　　C.会计分期　　　　D.货币计量

38.会计核算的当期与以前期间、以后期间的差别，权责发生制和收付实现制的区别，是由于会计基本假设中的（　　　）。

A.会计主体　　　　B.持续经营　　　　C.会计分期　　　　D.货币计量

39.会计主体是指（　　）。

A.特定的法律主体　　　　　　　　B.一个企业单位

C.企业的法人代表　　　　　　　　D.会计为之服务的特定单位

40.企业会计假设中的会计期间是（　　）。

A.自然形成的　　　B.人为划分的　　　C.营业年度　　　D.一个周转过程

41.强调经营成果计算的企业，适合采用的记账基础是（　　）。

A.收付实现制　　　B.权责发生制　　　C.现金制　　　D.现收现付制

42.在会计年度内，如把收益性支出作资本性支出处理，其结果将使企业本年度（　　）。

A.虚增资产和虚增收益　　　　　　B.虚减资产和虚增收益

C.虚增资产和虚减收益　　　　　　D.虚减资产和虚减收益

43.凡为形成生产经营能力，在以后各期取得收益而发生的各种支出，即支出的效益与几个会计年度相关的，应作为（　　）。

A.收益性支出　　　B.资本性支出　　　C.营业性支出　　　D.营业外支出

44.如果企业资产按照现在购买相同或者相似资产所需支付的现金或者现金等价物的金额计量，负债按照现在偿付该项债务所需支付的现金或者现金等价物的金额计量，则其采用的会计计量属性为（　　）。

A.现值　　　　　B.重置成本　　　　C.公允价值　　　　D.可变现净值

45.配比原则是指（　　）。

A.收入与支出相配比　　　　　　　B.收入与销售费用相配比

C.收入与产品成本相配比　　　　　D.收入与其相关的成本费用相配比

46.企业于4月初用银行存款1 200元支付第2季度房租，4月末仅将其中的400元计入本月费用，体现了会计要素确认、计量与报告要求的（　　）。

A.配比原则　　　　　　　　　　　B.权责发生制原则

C.收付实现制原则　　　　　　　　D.历史成本计价原则

47.按照收付实现制的要求，确定各项收入和费用归属期的标准是（　　）。

A.实际发生的收支　　　　　　　　B.实际收付的业务

C.实际款项的收付　　　　　　　　D.实现的经营成果

48.财产物资计价的基本原则是（　　）。

A.权责发生制原则　　　　　　　　B.配比原则

C.历史成本原则　　　　　　　　　D.收付实现制原则

49.下列支出属于资本性支出的有（　　）。

A.支付职工工资　　　　　　　　　B.支付当月水电费

C.支付本季度房租　　　　　　　　D.支付固定资产买价

50.权责发生制主要强调的是（　　）。

A.资产的合理计价　　　　　　　　B.财务成果的真实性

C.经营成果的清算　　　　　　　　D.收入与费用的合理确认

练习 2-2　多项选择题

在下列每小题给出的 5 个备选项中，至少有 2 个符合题意。要求：❶将所选的字母序号填写在该题目后的括号内；❷同时，将该题所选的字母序号填写在本书附录 2 第二章表 2-2 "多项选择题答案用纸" 中；❸或者，扫描 "多项选择题自测" 二维码进行在线回答，回答完毕并提交后可参看正确答案与答案解析。

1. 下列选项中，应确认为企业资产的有（　　　）。

A. 购入的无形资产　　　　　　　　　B. 已霉烂变质无使用价值的存货

C. 融资租入的固定资产　　　　　　　D. 销售商品暂时尚未收回的款项

E. 已签订合同计划下月购入的原材料

2. 下列选项中，属于流动资产的有（　　　）。

A. 存在银行的款项　　　　B. 企业的办公楼　　　　C. 厂房和机器设备

D. 存在仓库的材料　　　　E. 企业的办公用品

3. 下列关于负债的表述中，正确的有（　　　）。

A. 负债按其流动性不同，分为流动负债和非流动负债

B. 负债通常是在未来某一时点通过交付资产和提供劳务来清偿

C. 正在筹划的未来交易事项，也会产生负债

D. 负债是企业由于过去的交易或事项而承担的将来义务

E. 负债是企业由于过去的交易或事项而承担的现时义务

4. 债权人的要求权和投资人的要求权统称为权益，但这两种权益又存在着一定的区别，其主要表现在（　　　）。

A. 二者性质不同　　　　B. 两者风险程度不同　　　　C. 求偿权的顺序不同

D. 享受的权利不同　　　　E. 是否需要偿还和偿还期限不同

5. 下列选项中，属于企业所有者权益的有（　　　）。

A. 股本　　　　　　　　B. 资本公积　　　　　　　　C. 盈余公积

D. 应付股利　　　　　　E. 未分配利润

6. 企业的费用具体表现为一定期间（　　　）。

A. 银行存款的流出　　　　B. 现金的流出　　　　C. 企业负债的增加

D. 企业负债的减少　　　　E. 企业其他资产的减少

7. 下列选项中，不属于企业资产的有（　　　）。

A. 预收账款　　　　　　B. 预付账款　　　　　　C. 应收账款

D. 应付账款　　　　　　E. 其他应收款

8. 下列选项中，属于企业存货的是（　　　）。

A. 修理用备件　　　　　B. 外购半成品　　　　　C. 自制工具

D. 燃料　　　　　　　　E. 发出展览的商品

9. 下列选项中，属于企业留存收益的有（　　　）。

A. 实收资本　　　　　　B. 资本公积　　　　　　C. 盈余公积

D.未分配利润　　　　　　　E.投资收益

10.企业的收入具体表现为一定期间（　　　）。

A.资产的增加　　　　　　B.现金流入　　　　　　　C.负债的减少

D.费用的减少　　　　　　E.所有者权益的增加

11.企业在一定时期内发生的、不能计入产品生产成本的费用有（　　　）。

A.制造费用　　　　　　　B.管理费用　　　　　　　C.期间费用

D.财务费用　　　　　　　E.销售费用

12.下列等式中，属于正确的会计等式的有（　　　）。

A.收入-费用=利润　　　　B.资产=权益　　　　　　C.资产=负债+所有者权益

D.资产+负债-费用=所有者权益+收入

E.资产=负债+所有者权益+（收入-费用）

13.下列关于会计等式的说法中，正确的是（　　　）。

A."资产=负债+所有者权益"是最基本的会计等式，表明了会计主体在某一特定时期所拥有的各种资产与债权人、所有者之间的动态关系

B."收入-费用=利润"这一等式动态地反映经营成果与相应期间的收入和费用之间的关系，是企业编制利润表的基础

C."资产=负债+所有者权益"这一会计等式说明了企业经营成果对资产和所有者权益所产生的影响，体现了会计六要素之间的内在联系

D.企业各项会计交易或事项的发生并不会破坏会计基本等式的平衡关系

E.会计等式反映了六大会计要素的恒等关系

14.下列经济业务中，引起资产方有关项目增减变化的是（　　　）。

A.收回欠款存入银行　　　B.预借差旅费　　　　　　C.计提短期借款利息

D.结转完工产品成本　　　E.结转已销产品成本

15.下列资产和权益项目之间的变动，符合资金运动规律的有（　　　）。

A.资产某项目增加与权益某项目减少　　　B.资产某项目减少与权益某项目增加

C.资产某项目减少与另一项目增加　　　　D.权益某项目减少与另一项目增加

E.资产某项目与权益某项目等额同增或同减

16.下列经济业务中，不会引起会计等式两边同时发生增减变动的有（　　　）。

A.从银行提取现金　　　　B.购料款未付　　　　　　C.将资本公积转增资本

D.收到欠款存入银行　　　E.从银行借款并存入银行

17.下列经济业务中，使会计等式两边的总金额变化的有（　　　）。

A.以银行存款支付应交税费　　　　　　　B.向银行借款存入银行存款户

C.将资本公积转增资本　　　　　　　　　D.收回某单位前欠的货款存入银行

E.收到投资者的货币资金投资款存入银行

18.下列经济业务中，能引起会计等式左右两边要素变动的有（　　　）。

A.以银行存款偿还短期借款　　　　　　　B.通过银行收到某单位前欠货款

C.以银行存款偿还前欠货款　　　　　　　D.收到某单位投资的机器一台

E.购进材料8万元并以银行存款支付

19.企业以银行存款偿还债务，会引起（　　　）。

A.资产总额减少　　　　　　B.企业资本减少　　　　　C.负债总额增加

D.负债总额减少　　　　　　　　E.所有者权益减少

20. 下列经济业务中，只引起会计等式右边要素发生增减变动的有（　　　）。

A.以银行存款偿还前欠货款　　　　　　B.投资者追加对本企业的投资

C.将资本公积转增资本　　　　　　　　D.向银行借款，存入银行

E.某企业将本企业所欠货款转作投入资本

21. 下列选项中，属于会计主体的是（　　　）。

A.一个营利性组织　　　　　　　　　　B.具备"法人"资格的实体

C.非营利性组织　　　　　　　　　　　D.不进行独立核算的企业

E.不具备"法人"资格的实体

22. 会计主体前提条件或假设解决并确定了（　　　）。

A.会计核算的空间范围　　　　　　　　B.会计核算的时间范围

C.会计核算的计量问题　　　　　　　　D.会计为谁记账

E.会计核算的标准质量问题

23. 下列组织中，既是会计主体又是法律主体的有（　　　）。

A.合伙企业　　　　　　B.合营企业　　　　　　C.子公司

D.母子集团　　　　　　E.有限责任公司

24. 会计主体应具备的基本条件有（　　　）。

A.必须为法人单位　　　　B.盈利企业　　　　C.具备一定数量的经济资源

D.实行独立核算　　　　　E.独立地从事生产经营活动或其他活动

25. 下列关于对会计分期假设的理解的说法中，正确的有（　　　）。

A.与企业的破产清算有关联　　　　　　B.利害关系人需要进行及时决策的信息

C.是对持续经营假设的补充　　　　　　D.会计年度均按照公历制起讫日期确定

E.出现了应计制与现金制的区别

26. 下列关于对会计确认条件的理解的说法中，正确的有（　　　）。

A.经济利益的金额能够可靠计量　　　　B.经济利益很可能流入或流出企业

C.所有者权益要素的确认要依赖于资产与负债的确认

D.收入要素确认的结果可能是资产的增加或负债的减少

E.利润要素的确认仅仅依赖于收入要素和费用要素的确认

27. 下列选项中，与会计确认与计量有关的有（　　　）。

A.应计制　　　　　　　B.配比原则　　　　　　C.历史成本计价

D.可比性　　　　　　　E.划分收益性支出与资本性支出

28. 下列选项中，体现历史成本计价原则优点的有（　　　）。

A.交易确定的金额比较客观　　　　　　B.存货成本接近市价

C.可防止企业随意改动　　　　　　　　D.有原始凭证作证明可随时查证

E.会计核算手续简化，不必经常调整账目

29. 下列选项中，属于资本性支出内容的有（　　　）。

A.固定资产日常修理费　　　　　　　　B.购置无形资产支出

C.办公费支出　　　　　　　　　　　　D.水电费支出

E.固定资产达到预定可使用状态之前的长期利息支出

30. 按权责发生制原则的要求，下列关于收入确认的说法中，正确的是（　　　）。

A.本月预收了闲置厂房下季度的租赁收入30 000元，未确认收入

B.本月销售产品一批，价值20 000元，货款尚未收到，已确认为收入

C.本月收到上月产品销售收入30 000元，已存入银行，确认为本月收入

D.本月月初收到上月利息收入3 000元，确认为本月财务费用3 000元

E.本月签订一份销售合同，约定下月销售货物一批，价值50 000元，确认为本月收入

31.下列支出中，属于收益性支出的有（　　）。

A.支付当月办公费 　　　　B.工资支出 　　　　　　C.销售产品的运费支出

D.购置设备支出 　　　　　E.当月流动资金借款利息支出

32.下列关于收入本身将会导致的结果的说法中，正确的有（　　）。

A.资产增加或负债减少 　　　　　　　B.资产增加和负债减少

C.资产减少和负债增加 　　　　　　　D.负债减少和费用增加

E.资产增加或负债减少，或二者兼而有之

练习2-3　判断题

判断题自测

请判断下列每小题的正误，正确的用"√"表示，错误的用"×"表示。要求：❶在每小题后面的括号内填入判断结果；❷同时，将其判断结果填写在本书附录2第二章表2-3"判断题答案用纸"中；❸或者，扫描"判断题自测"二维码进行在线回答，回答完毕并提交后可参看正确答案与答案解析。

1.资产是指过去的交易或事项形成的、企业拥有或控制的、具有实物形态的、预期会给企业带来经济利益的资源。　　　　　　　　　　　　　　　　　　　　　（　　）

2.会计要素中既有反映财务状况的要素，也含反映经营成果的要素。　（　　）

3.库存中已失效或已毁损的商品，由于企业对其拥有所有权并且能够实际控制，因此应该作为本企业的资产。　　　　　　　　　　　　　　　　　　　　　　　（　　）

4.企业所有的利得和损失均应计入当期损益。　　　　　　　　　　　（　　）

5.负债是指过去的交易或事项形成的将来义务，履行该义务预期会导致经济利益流出企业，具体可能表现为资产减少或提供劳务。　　　　　　　　　　　　　　　（　　）

6.所有者权益是指企业投资人对企业资产的所有权。　　　　　　　　（　　）

7.企业发生费用，可以表现为负债要素和资产要素同时、等额一增一减。（　　）

8.所有者权益是指企业资产扣除负债后，由所有者享有的剩余权益。　（　　）

9.与所有者权益相比，负债一般有规定的偿还期，而所有者权益没有。（　　）

10.企业取得收入，便意味着利润可能形成。　　　　　　　　　　　（　　）

11.收入是企业在日常活动中形成的经济利益总流入，所以企业处置固定资产、无形资产产生的经济利益流入均不构成收入。　　　　　　　　　　　　　　　　（　　）

12.企业非日常活动所形成的经济利益的流入不能确认为收入，应计入利得。（　　）

13.期间费用是资产耗费并与一定的会计期间相关，而与生产何种产品无关。（　　）

14.从本质上说，费用就是资产的转化形式，是企业总资产的耗费。　（　　）

15.资产、负债与所有者权益的平衡关系反映企业资金运动的静态性，如考虑收入、

费用等动态要素，则资产与权益总额的平衡关系必然被破坏。　　　　　　（　　　）

16.利润是所有收入与所有成本配比相抵后的差额，是体现经营成果的最终要素。

（　　　）

17.用银行贷款偿还上月欠某公司的货款，这一经济业务对企业的资产和负债的总额没有任何影响。　　　　　　　　　　　　　　　　　　　　　　　　　（　　　）

18.净利润是指营业利润减去所得税后的金额。　　　　　　　　　　　　（　　　）

19.“资产=负债+所有者权益”是基本会计等式，表明了会计主体在某一特定时期所拥有的各种资产与债权人、所有者之间的动态关系。　　　　　　　　　　（　　　）

20.会计等式“资产=负债+所有者权益”体现了企业资金运动的动态表现。　（　　　）

21.“资产–费用=负债+所有者权益+收入”这一会计等式说明了企业经营成果对资产和所有者权益所产生的影响，体现了会计六要素之间的内在联系。　　　　（　　　）

22.企业实现利润，将使企业资产增加、所有者权益增加或负债减少。　　（　　　）

23.资产反映了资金被运用分布的状态，权益反映了资金的来源渠道，两者之间存在着相互依存、相互制约的关系。　　　　　　　　　　　　　　　　　　　（　　　）

24.发生资金退出企业的经济业务，一定会使资产和权益同时减少。　　（　　　）

25.任何一笔经济业务的发生，必然会引起资产项目与负债及所有者权益项目发生增减变动，但其结果均不会影响会计等式的平衡关系。　　　　　　　　　　　（　　　）

26.因应付账款和预付账款均与供应方发生结算关系，故它们都是负债项目。（　　　）

27.资产与负债和所有者权益实际上是企业所拥有的经济资源在同一时点上的不同表现形式。　　　　　　　　　　　　　　　　　　　　　　　　　　　　（　　　）

28.企业接受捐赠物资的会计交易或事项，会引起收入和资产同时增加。　（　　　）

29.企业发生购买设备的经济业务，必然会引起会计等式左右两边会计要素发生一增一减的变化。　　　　　　　　　　　　　　　　　　　　　　　　　　（　　　）

30.收入能导致所有者权益增加，但导致所有者权益增加的不一定都是收入。（　　　）

31.“资产=负债+所有者权益”是静态的会计等式，而动态的会计等式则是“资产=负债+所有者权益+（收入–费用）”。　　　　　　　　　　　　　　　　（　　　）

32.非流动负债的偿还期均在1年以上，而流动负债的偿还期均在1年以内。（　　　）

33.“资产=负债+所有者权益”体现了企业资金运动过程中某一特定时期的资产分布和权益构成。　　　　　　　　　　　　　　　　　　　　　　　　　　（　　　）

34.发生资本撤出企业的经济业务，一定会使资产和权益同时减少。　　（　　　）

35.“收入–费用=利润”这一等式动态地反映经营成果与相应期间的收入和费用之间的关系，是企业编制利润表的基础。　　　　　　　　　　　　　　　　　（　　　）

36.发生资本投入企业的经济业务，一定会使资产和权益同时增加。　　（　　　）

37.企业的实收资本应当与注册资本相一致，企业不得擅自改变注册资本的数额或抽逃资金。企业所得税是企业的一项费用支出，而非利润分配。　　　　　　　（　　　）

38.计提法定盈余公积累计达到注册资本的80%时，可以不再计提。　　（　　　）

39.资本公积与盈余公积在使用上的区别是：资本公积不得弥补亏损，而盈余公积可以用来弥补亏损。　　　　　　　　　　　　　　　　　　　　　　　　　（　　　）

40.我国所有企业的会计核算都必须以人民币作为记账本位币。　　　　（　　　）

41.如果不能确认，也就不需要计量；如果不能计量，确认也就没有意义。（　　　）

42.谨慎性要求企业不仅要核算可能发生的收入，也要核算可能发生的费用和损失，以对未来的风险进行充分核算。　　　　　　　　　　　　　　　　　　（　　）

专项训练2-1　掌握会计要素的分类及资金项目的确认与金额计算

1.资料：

新光公司2×23年1月1日的资产、负债及所有者权益状况如下：（1）生产车间、厂房150万元；（2）收取的出借包装物押金2万元；（3）持有某上市公司的股票成本35万元；（4）国家投入的资本金234万元；（5）运输卡车80万元；（6）尚未缴纳的各种税金12万元；（7）从银行借入的短期借款50万元；（8）正在装配中的车床40万元；（9）已完工入库的车床50万元；（10）应付投资者的利润55万元；（11）发行股票超过面值部分的70万元；（12）欠职工的工资20万元；（13）采购员预借的差旅费1万元；（14）存放在银行的款项13万元；（15）本企业承兑的商业汇票25万元；（16）净利润扣除已分配利润后剩余46万元；（17）生产车床用的各种机床300万元；（18）购入钢材的未付款30万元；（19）应付电力局的电费10万元；（20）外商投入的资本金100万元；（21）以盈余公积形成的留存收益69万元；（22）某公司拖欠的销货款54万元。

2.要求：

根据所给资料：（1）在本书附录2第二章专项训练2-1的表2-4中回答以下2个问题：❶进行会计要素及资金项目的确认与计量（判断属于何种会计要素，涉及什么资金项目，金额是多少）；❷按资产、负债、所有者权益分别合计其金额，并观察三者之间的关系。（2）或者：❶扫描"专项训练2-1"二维码并在下载的空白表2-4电子表格中回答以上2个问题；❷通过在"财济书院"网站上注册的账号，提交完成的电子表格。

专项训练2-2　经济业务对会计要素增减变化的影响（一）

1.资料：

大华公司2×23年5月31日的资产总计37万元，负债总计18万元。2×23年6月份发生如下经济业务：（1）用银行存款购入全新机器一台，价值3万元；（2）投资人投入原材料，价值4万元；（3）以银行存款偿还所欠某单位货款5万元；（4）通过银行收到某单位前欠货款6万元；（5）将一笔长期负债7万元转为对本企业的投资；（6）按规定将资本公积8万元转为实收资本。

2.要求：

根据所给资料：（1）在本书附录2第二章专项训练2-2的表2-5中回答以下2个问题：❶根据6月份发生的经济业务，分析经济业务对会计要素的影响，包括涉及的会计要素名称、资金项目及其增减金额；❷计算6月末大华公司的资产总额、负债总额和所有者权益总额。（2）或者：❶扫描"专项训练2-2"二维码并在下载的空白表2-5电子表格中回答以上2个问题；❷通过在"财济书院"网站上注册的账号，提交完成的电子表格。

专项训练2-3　经济业务对会计要素增减变化的影响（二）

专项训练2-3

1.资料：

光明机械厂2×23年2月发生的部分经济业务如下：（1）国家投入货币资本30 000元，存入银行；（2）AB公司同意将光明机械厂前欠的货款60 000元作为该公司对光明机械厂的投资；（3）从银行提取现金7 000元备用；（4）通过银行收回大兴工厂前欠的货款45 000元；（5）以银行存款归还向银行借入的流动资金150 000元；（6）联营单位滨海机床厂以投资的形式对光明机械厂投入新机器3台，价值90 000元；（7）购入钢材45 000元，已验收入库，货款用银行存款支付；（8）出售不需用的新机床4台，价值128 000元，款项已存入银行；（9）购入材料66 000元，已验收入库，货款未付；（10）向银行借入流动资金140 000元，并转存银行；（11）生产车间领用材料32 000元，用于产品生产；（12）向江南机床厂购入车床5台，价款总计50 000元，车床已验收入库，货款暂欠；（13）向银行借入短期借款24 000元，直接偿还前欠永宏钢铁公司的货款；（14）联营期限已满，按规定将联营单位新星机械厂的原投资40 000元退回，其中30 000元以银行存款退回，其余的10 000元暂欠；（15）企业将资本公积10 000元转增资本；（16）收回大连机器厂前欠的货款79 000元，直接归还银行短期借款；（17）青胜蓝公司分别以银行存款35 000元和特种钢材25 000元向本企业投资；（18）用银行存款缴纳上月应交税费25 000元。

2.要求：

根据以上资料：（1）在本书附录2第二章专项训练2-3的表2-6中回答以下2个问题：❶分析每笔经济业务影响的会计要素及其资金项目的增加金额或减少金额，同时指出该经济业务对会计等式影响的类型；❷计算资产和权益的增减净额，观察二者是否相等。（2）或者：❶扫描"专项训练2-3"二维码并在下载的空白表2-6电子表格中回答以上2个问题；❷通过在"财济书院"网站上注册的账号，提交完成的电子表格。

专项训练2-4 会计要素的进一步分类及其相互之间的数量关系

专项训练2-4

1.资料：

假设强华公司2×23年10月31日的资产、负债和所有者权益项目及金额见表2-1。

表2-1
会计要素项目金额表

2×23年10月31日   单位：元

	资　产	金　额	负债和所有者权益	金　额
期末资产、负债、所有者权益项目及金额	库存现金	1 000	短期借款	10 000
	银行存款	27 000	应付账款	32 000
	应收账款	35 000	应交税费	9 000
	原材料	52 000	长期借款	（ B ）
	长期股权投资	（ A ）	实收资本	240 000
	固定资产	200 000	资本公积	23 000
	合　计	375 000	合　计	（ C ）

2.要求：

根据以上资料：（1）在本书附录2第二章专项训练2-4的表2-7中计算A、B、C项目金额及该公司期末流动资产总额、流动负债总额和净资产总额。（2）或者：❶扫描"专项训练2-4"二维码并在下载的空白表2-7电子表格中计算A、B、C项目金额及该公司期末流动资产总额、流动负债总额和净资产总额；❷通过在"财济书院"网站上注册的账号，提交完成的电子表格。

专项训练2-5 经济业务引起资产和权益项目增减变化平衡表

专项训练2-5

1.资料：

（1）光明机械厂2×23年2月份发生的经济业务见专项训练2-3；（2）2×23年1月31日资产和权益项目的金额见表2-2：

表2-2
光明机械厂期末有关资金项目金额表

2×23年1月31日   金额单位：千元

项　目	金　额	项　目	金　额	项　目	金　额	项　目	金　额
库存现金	20	实收资本	2 900	应交税费	180	原材料	920
应付账款	210	库存商品	540	资本公积	570	预收账款	360
银行存款	980	短期借款	800	固定资产	1 980	预付账款	250
应收账款	860	生产成本	390	盈余公积	450	未分配利润	470

2.要求:

根据以上资料:（1）在本书附录2第二章专项训练2-5的表2-8中回答以下3个问题:❶在分清表2-2资金项目及金额所归属的会计要素类别的基础上,分析2月份发生的每项经济业务,写出相关的资金项目及其增加金额或减少金额,并对相同项目的增加金额或减少金额进行合计;❷计算出"期末金额"后,对资产项目、负债和所有者权益项目的期初金额、增加金额、减少金额和期末余额进行合计;❸观察资产项目与权益项目的"期初金额"合计和"期末金额"合计是否相等,并思考其中的原因。（2）或者:❶扫描"专项训练2-5"二维码并在下载的空白表2-8电子表格中回答以上3个问题;❷通过在"财济书院"网站上注册的账号,提交完成的电子表格。

专项训练2-6 收入和费用要素
对会计等式的影响

专项训练2-6

1.资料:

A、B、C、D分别代表四个独立无关的会计主体,2×23年2月期初、期末余额及本期发生的有关收入、费用增减经济业务见表2-3。

表2-3 **A、B、C、D四个会计主体期初、期末余额**
及本期发生的有关交易或事项表　　　　　　　　　单位:万元

	会计主体 项目	A	B	C	D
期初 余额	资产	（甲）	9 000	19 400	32 200
	负债	4 500	3 600	4 656	4 600
本期 增减	收入	12 200	（乙）	9 118	16 100
	费用	9 100	2 970	（丙）	12 420
期末 余额	资产	24 100	8 100	23 310	41 400
	负债	3 500	1 800	4 856	（丁）

2.要求:

根据以上资料:（1）在本书附录2第二章专项训练2-6的表2-9中计算甲、乙、丙、丁4个未知数,并列出计算过程。（2）或者:❶扫描"专项训练2-6"二维码并在下载的空白表2-9电子表格中计算甲、乙、丙、丁4个未知数,并列出计算过程;❷通过在"财济书院"网站上注册的账号,提交完成的电子表格。

专项训练2-7　进一步掌握会计要素增减变化对会计等式的影响

专项训练2-7

1.资料：

甲、乙、丙、丁分别代表4个独立无关的会计主体，2×23年2月期初、期末余额及本期发生的有关收入、费用和资本增减的经济业务见表2-4。

表2-4　　　　　甲、乙、丙、丁期初、期末余额及本期发生的有关经济业务表

单位：万元

项目	会计主体	甲	乙	丙	丁
期初余额	资产	（A）	45 000	97 000	161 000
	负债	22 500	18 000	23 280	23 000
本期发生额	收入增加	61 000	（B）	45 590	80 500
	收到追加资本	7 500	9 450	4 820	41 400
	费用增加	45 500	14 850	（C）	62 100
	抽出资本	3 000	6 700	6 820	23 000
期末余额	资产	120 500	40 500	111 550	207 000
	负债	17 500	9 000	25 280	（D）

2.要求：

根据上述资料：（1）在本书附录2第二章专项训练2-7的表2-10中计算A、B、C、D 4个未知数，并列出计算过程。（2）或者：❶扫描"专项训练2-7"二维码并在下载的空白表2-10电子表格中计算A、B、C、D 4个未知数，并列出计算过程；❷通过在"财济书院"网站上注册的账号，提交完成的电子表格。

专项训练2-8　两种记账基础下收入与费用的确认与比较

专项训练2-8

1.资料：

华夏会计咨询公司2×23年6月份发生下列经济业务：（1）为A公司提供咨询服务，收取服务费40 000元并存入银行；（2）为B公司提供的咨询服务已完成，应收取服务费120 000元，款项尚未收到；（3）通过银行收到100 000元，属于上月为C公司提供的咨询服务费；（4）月末收到D公司预付的内部控制制度设计费14 000元，下月交付设计方案；（5）用银行存款预付下半年的财产保险费48 000元；（6）本月份应付员工工资57 000

元，实际支付 49 000 元；（7）本月应付水电费 40 000 元，下月支付；（8）摊销本月应负担的仓库租金（年初租赁仓库房屋一栋并预付一年租金 96 000 元）；（9）计提本月份的银行短期借款利息 3 000 元；（10）用银行存款支付本季度银行短期借款利息 9 000 元。

2.要求：

根据上述资料：（1）在本书附录 2 第二章专项训练 2-8 的表 2-11 中回答以下 3 个问题：❶分别按照权责发生制和收付实现制进行收入、费用的确认与计量；❷分别计算本企业 6 月份按照权责发生制和收付实现制实现的利润；❸思考按照两种记账基础计算的利润为什么不相等。（2）或者：❶扫描"专项训练 2-8"二维码并在下载的空白表 2-11 电子表格中回答以上 3 个问题；❷通过在"财济书院"网站上注册的账号，提交完成的电子表格。

第三章　账户与复式记账

单项选择题自测

练习 3-1　单项选择题

在下列每小题给出的4个备选项中，只有一个符合题意。要求：❶将所选的字母序号填写在题目后的括号内；❷同时，将该题所选的字母序号填写在本书附录2第三章表3-1"单项选择题答案用纸"中；❸或者，扫描"单项选择题自测"二维码进行在线回答，回答完毕并提交后可参看正确答案与答案解析。

1.会计科目是对（　　　）再分类所形成的项目。

A.会计对象　　　　　B.会计要素　　　　　C.会计方法　　　　　D.会计账户

2.会计账户的设置依据是（　　　）。

A.会计对象　　　　　B.会计要素　　　　　C.会计科目　　　　　D.会计方法

3.开设明细分类账户的依据是（　　　）。

A.总账科目　　　　　B.明细科目　　　　　C.试算平衡表　　　　D.会计要素内容

4.借记"银行存款"、贷记"应收账款"的经济业务表明该企业（　　　）。

A.债权增加　　　　　B.债务增加　　　　　C.收回债权　　　　　D.债务减少

5.下列账户中，属于成本类账户的是（　　　）。

A.制造费用　　　　　B.销售费用　　　　　C.库存商品　　　　　D.主营业务成本

6.账户的基本结构是指（　　　）。

A.账户的具体格式　　　　　　　　　　B.账户登记的经济内容

C.账户登记的日期　　　　　　　　　　D.账户中登记增减金额的栏次

7.账户的哪一方记增加，哪一方记减少，主要取决于账户的（　　　）。

A.用途　　　　　　　B.结构　　　　　　　C.格式　　　　　　　D.经济内容

8.在下列账户中，与负债账户结构相同的是（　　　）账户。

A.资产类　　　　　　B.成本类　　　　　　C.费用类　　　　　　D.所有者权益类

9.进行复式记账时，对任何一项经济业务登记的账户数量应是（　　　）。

A.一个　　　　　　　B.两个　　　　　　　C.三个　　　　　　　D.两个或两个以上

10.存在对应关系的账户称为（　　　）。

A.一级账户　　　　　B.对应账户　　　　　C.总分类账户　　　　D.明细分类账户

11.在借贷记账法下，总分类账户发生额及余额试算平衡表编制的依据是（　　　）。

A.资金运动变化规律　　　　　　　　　B.会计等式平衡原理

C.会计账户基本结构　　　　　　　　　D.平行登记基本原理

12.借贷记账法下的余额试算平衡的公式是（　　　　）。

A.每个账户的借方发生额=每个账户的贷方发生额

B.所有账户本期借方发生额合计=所有账户本期贷方发生额合计

C.全部账户期末借方余额合计=全部账户期末贷方余额合计

D.全部账户期末借方余额合计=部分账户期末贷方余额合计

13.下列选项中，属于发生额试算平衡理论依据的是（　　　　）。

A.会计恒等式　　　　　　　　　　　　B.借贷记账法的记账规则

C.账户对应关系　　　　　　　　　　　D.会计交易或事项的类型

14.下列选项中，属于余额试算平衡理论依据的是（　　　　）。

A.会计恒等式　　　　　　　　　　　　B.借贷记账法的记账规则

C.账户对应关系　　　　　　　　　　　D.会计交易或事项的类型

15.下列选项中，属于负债类账户的是（　　　　）。

A.预付账款　　　　　B.制造费用　　　　　C.预收账款　　　　　D.其他应收款

16.总分类账户余额试算平衡表的借方余额合计、贷方余额合计分别表示（　　　　）。

A.资产类账户余额合计、所有者权益类账户余额合计

B.权益类账户余额合计、资产类账户余额合计

C.所有者权益类账户余额合计、资产类账户余额合计

D.资产类账户余额合计、权益类账户余额合计

17.总分类账户发生额试算平衡表中，借方发生额合计表示（　　　　）。

A.资产类账户的增加额与权益类账户的减少额的合计

B.资产类账户的增加额与权益类账户的增加额的合计

C.资产类账户的减少额与权益类账户的增加额的合计

D.资产类账户的减少额与权益类账户的减少额的合计

18.账户分为借贷两方，哪一方记增加，哪一方记减少，其决定的依据是（　　　　）。

A.采用哪种记账方式　　　　　　　　　B.借方登记增加数，贷方登记减少数

C.账户所反映的经济内容　　　　　　　D.贷方登记增加数，借方登记减少数

19.损益收入类账户的结构与权益类账户的结构（　　　　）。

A.完全一致　　　　　B.完全相反　　　　　C.基本相同　　　　　D.基本无关

20.损益收入类账户和损益支出类账户在期末结账后，其余额应（　　　　）。

A.没有　　　　　　　B.在借方　　　　　　C.在贷方　　　　　　D.借贷方均有

多项选择题自测

练习 3-2　多项选择题

在下列每小题给出的5个备选项中，至少有2个符合题意。要求：❶将所选的字母序号填写在该题目后的括号内；❷同时，将该题所选的字母序号填写在本书附录2第三章表3-2"多项选择题答案用纸"中；❸或者，扫描"多项选择题自测"二维码进行在线回答，回答完毕并提交后可参看正确答案与答案解析。

1.下列关于会计科目的表述中，正确的有（　　　　）。

A.会计科目是设置账户的依据　　　　　　B.会计科目是对会计要素的进一步细分

C.总分类科目名称不可以随意更改　　　　D.会计要素与会计科目的类别完全相同

E.明细分类科目是对总分类科目的补充

2.设置会计科目应遵循的原则有（　　　　）。

A.必须全面反映会计要素的内容　　　　　B.适应需要又保持相对稳定

C.统一性与灵活性相结合　　　　　　　　D.言简意赅并符合对外报告的要求

E.在不违反有关规定的前提下，可根据本单位的实际情况自行增设、分拆、合并会计科目

3.下列关于对明细分类科目的理解中，正确的是（　　　　）。

A.也称一级会计科目　　　　　　　　　　B.是进行明细分类核算的依据

C.是进行总分类核算的依据　　　　　　　D.提供更加详细具体的指标

E.是对总分类科目核算内容详细分类的科目

4.按现行准则指南的规定，账户按经济内容分类可分为（　　　　）。

A.资产类账户　　　　　　　B.负债类账户　　　　　　　C.所有者权益类账户

D.成本类账户　　　　　　　E.损益类账户

5.下列关于会计科目与会计账户关系的表述中，正确的有（　　　　）。

A.会计科目是会计账户的名称　　　　　　B.明细账户是按子目或细目开设的

C.会计科目就是会计账户　　　　　　　　D.实务中会计科目与账户作为同义词使用

E.账户按照会计科目所做的分类来记录经济业务的数量变化

6.账户中用哪一方登记增加额，哪一方登记减少额，取决于（　　　　）。

A.公司类型　　　　　　　B.所记录的经济内容　　　　　C.所采用的记账方法

D.记账人的偏好　　　　　E.反映会计指标信息的详细程度

7.账户一般可以提供的金额指标有（　　　　）。

A.期初余额　　　　　　　B.期中余额　　　　　　　　　C.本期减少发生额

D.期末余额　　　　　　　E.本期增加发生额

8.在下列各类账户中，与资产类账户基本结构相反的有（　　　　）。

A.负债类账户　　　　　　B.费用类账户　　　　　　　　C.收入类账户

D.成本类账户　　　　　　E.所有者权益类账户

9.下列选项中，属于复式记账法优点的有（　　　　）。

A.简化账簿的登记工作　　　　　　　　　B.进行试算平衡检查账户记录的正确性

C.不要求账户固定分类　　　　　　　　　D.设置完整的账户体系

E.通过对应账户了解经济业务的来龙去脉

10.借贷记账法的记账符号"贷"对于（　　　　）表示增加。

A.资产要素　　　　　　　B.负债要素　　　　　　　　　C.利润要素

D.收入要素　　　　　　　E.所有者权益要素

11.采用借贷记账法时，账户的借方一般用来登记（　　　　）。

A.资产增加　　　　　　　B.负债减少　　　　　　　　　C.所有者权益减少

D.成本、费用增加　　　　E.成本费用的减少或转销

12.借贷记账法下，账户的贷方一般用来登记（　　　　）。

A.资产增加、权益减少　　　　　　　　　B.资产减少、权益增加

C.费用成本增加、收入减少　　　　　　　D.权益减少及收入减少或转销

E.费用成本减少或转销及收入增加

13.在借贷记账法下，下列关于资产类账户的期末余额的说法中，正确的有（　　　）。

A.一般是在借方　　　　　　B.记录在增加方　　　　　　C.记录在减少方

D.一般是在贷方　　　　　　E.减少方和增加方都有可能

14.会计分录的三要素包括（　　　）。

A.记账方向　　　　　　　　B.货币计量单位　　　　　　C.会计科目（账户）

D.记账金额　　　　　　　　E.账户的对应关系和会计凭证

15.编制会计分录的目的是（　　　）。

A.便于编制会计报表　　　　　　　　B.编制记账凭证并作为入账的依据

C.减少登记账簿的工作量　　　　　　D.正确反映账户的对应关系

E.对经济业务进行确认和计量并为会计记录作准备

16.复合会计分录是指（　　　）。

A.一借一贷的会计分录　　　　　　　B.一借多贷的会计分录

C.多借一贷的会计分录　　　　　　　D.多借多贷的会计分录

E.写出总分类科目和明细分类科目的会计分录

17.借贷记账法的试算平衡包括（　　　）。

A.会计分录平衡　　　　　　B.发生额平衡　　　　　　C.资产、权益平衡

D.余额平衡　　　　　　　　E.科目汇总表平衡

18.在借贷记账法下，试算平衡的理论依据有（　　　）。

A.发生额平衡法　　　　　　B.余额平衡法　　　　　　C.借贷记账规则

D.会计分录　　　　　　　　E.资产和权益平衡关系原理

19.下列选项中，通过试算平衡无法发现其错误的有（　　　）。

A.记账方向正确但记错账户　　　　　B.记账方向正确但一方金额写少了

C.借、贷记账方向彼此颠倒　　　　　D.漏记或重记某项会计交易或事项

E.账户正确但一方记错了借、贷方向

20.下列错误中，不能通过试算平衡发现的有（　　　）。

A.应记账户的借贷方向颠倒　　　　　B.借贷双方金额中一方少计另一方多计

C.某项会计交易尚未入账　　　　　　D.借贷双方金额中重记、漏记和少计

E.一项经济业务与另一项经济业务错记金额相互抵销

判断题自测

练习 3-3　判断题

请判断下列每小题的正误，正确的用"√"表示，错误的用"×"表示。要求：❶在每小题后面的括号内填入判断结果；❷同时，将其判断结果填写在本书附录2第三章表3-3"判断题答案用纸"中；❸或者，扫描"判断题自测"二维码进行在线回答，回答完毕并提交后可参看正确答案与答案解析。

1.会计科目是对会计要素再分类所形成的项目。　　　　　　　　　　　　　（　　）

2.会计科目与会计账户是同义词，两者没有什么区别。　　　　　　　　　　（　　）

3.会计科目只有总分类科目一个级次。　　　　　　　　　　　　　　　　（　　）

4.会计科目是账户名称，账户是按照会计科目设置的。　　　　　　　　（　　）

5.借贷记账法的试算平衡公式分为发生额平衡公式和差额平衡公式。　（　　）

6.账户上期期末的余额转入本期即为本期的期初余额。　　　　　　　　（　　）

7.定期汇总的全部账户发生额的借贷方合计数平衡说明账户记录完全正确。（　　）

8.借贷记账法的记账符号表示经济业务的增减变动，也表示记账方向。　（　　）

9.双重性质账户一般是指既能反映资产又能反映负债的账户。　　　　　（　　）

10.收入类账户与费用类账户一般没有期末余额，但有期初余额。　　　（　　）

11.会计分录的三要素包括账户名称、记账方向、记账货币单位。　　　（　　）

12.账户的具体表现形式是一种具有一定格式和结构的表格。　　　　　（　　）

13.账户对应关系是指两个账户之间的应借应贷关系。　　　　　　　　　（　　）

14.单式记账法下只记一个账户，复式记账法下同时登记两个账户。　　（　　）

15.试算平衡后各栏次借贷方金额相等，表明账户记录完全正确。　　　（　　）

专项训练 3-1　掌握收入和费用要素对会计等式的影响

专项训练 3-1

1.资料：

（1）大明律师事务所 2×23 年 7 月初的资产总额为 100 万元，负债总额为 30 万元，所有者权益总额为 70 万元，7 月中旬从银行借入期限为 3 个月的短期借款 45 万元，应当由 7 月份承担的费用为 6 万元，7 月末的资产总额为 148 万元，假设 7 月份没有其他的经济业务；（2）大华会计师事务所 2×23 年现金收入为 600 万元，2×23 年年初"应收账款"账户余额 97 万元、"预收账款"账户余额 48 万元，2×23 年年末"应收账款"账户余额 140 万元、"预收账款"账户余额 21 万元。

2.要求：

根据所给资料：（1）在本书附录 2 第三章专项训练 3-1 的表 3-4 中回答以下 2 个问题：❶计算大明律师事务所 2×23 年 7 月份的收入额；❷计算大华会计师事务所 2×23 年的服务收入。（2）或者：❶扫描"专项训练 3-1"二维码并在下载的空白表 3-4 电子表格中回答以上 2 个问题；❷通过在"财济书院"网站上注册的账号，提交完成的电子表格。

专项训练 3-2　会计要素类别及会计科目名称的确认、计量与分析

专项训练 3-2

1.资料：

宏达机械公司 2×23 年 3 月 1 日有关资金内容及金额如下：（1）存放在企业的库存现金 1 万元；（2）应交未交的企业所得税 9 万元；（3）拖欠供货方货款 37 万元；（4）库

存的各种材料4万元；（5）库存的完工产品17万元；（6）企业留存的盈余公积8万元；
（7）房屋建筑物90万元；（8）购买材料签发的商业汇票15万元；（9）从银行借入的半
年期借款10万元；（10）购货方拖欠的货款10万元；（11）存放在银行的款项30万元；
（12）预收购货单位的订金10万元；（13）尚未完工的产品15万元；（14）投资者投入资
本150万元；（15）资本溢价部分的金额8万元；（16）车间使用的机器设备80万元。

2.要求：

根据所给资料：（1）在本书附录2第三章专项训练3-2的表3-5中回答以下2个问题：
❶确认并计量每一项资金所属会计科目名称、应属的会计要素类别及金额；❷计算各会计
要素金额的合计数并观察其中的数量关系。（2）或者：❶扫描"专项训练3-2"二维码并
在下载的空白表3-5电子表格中回答以上2个问题；❷通过在"财济书院"网站上注册的
账号，提交完成的电子表格。

专项训练3-3

专项训练3-3 掌握各类账户的结构

1.资料：

方云食品公司2×23年4月末部分账户资料见本书附录2第三章中的表3-6。

2.要求：

按照所给资料：（1）在本书附录2第三章专项训练3-3的表3-6中计算并填列各账户
的余额或发生额（提示：所给账户期初、期末余额方向均为正常余额方向）。（2）或者：
❶扫描"专项训练3-3"二维码并在下载的空白表3-6电子表格中计算并填列各账户的余
额或发生额；❷通过在"财济书院"网站上注册的账号，提交完成的电子表格。

专项训练3-4

专项训练3-4 掌握资产类和负债类账户的
结构及二者之间的关系

1.资料：

B公司期初库存材料成本278 000元，本期仓库发出材料成本共132 000元，期末结存
材料成本206 000元，"应付账款"（材料款）账户期初贷方余额为218 000元，期末贷方余
额为243 000元，本期没有发生偿还应付款业务，本期购入材料金额中一部分赊账，另一
部分用银行存款付讫，所购材料均已入库。

2.要求：

根据所给资料：（1）在本书附录2第三章专项训练3-4的表3-7中计算本期购入材料
中已付款的材料有多少。（提示：画T形账户，分别计算本月购入材料总额、本月发生的
应付购货款，然后在此基础上计算本月已付款的材料金额）。（2）或者：❶扫描"专项训
练3-4"二维码并在下载的空白表3-7电子表格中计算本期购入材料中已付款的材料有多
少。❷通过在"财济书院"网站上注册的账号，提交完成的电子表格。

专项训练3-5　运用借贷记账法编制会计分录

1.资料：

光明机械厂2×23年2月份发生的经济业务，见第二章"专项训练2-3"所给资料。

2.要求：

根据以上资料：（1）在本书附录2第三章专项训练3-5的表3-8中，运用借贷记账法编制会计分录。（2）或者：❶扫描"专项训练3-4"二维码并在下载的空白表3-8电子表格中运用借贷记账法编制会计分录；❷通过在"财济书院"网站上注册的账号，提交完成的电子表格。

专项训练3-6　编制试算平衡表

1.资料：

光明机械厂：（1）2×23年2月初有关账户的期初余额见第二章"专项训练2-5"的表2-2。（2）2×23年2月发生的经济业务所编制的会计分录见"专项训练3-5"。

2.要求：

根据以上资料：（1）在本书附录2第三章专项训练3-6的表3-9和表3-10中回答以下2个问题：❶开设并登记T形"银行存款"账户和"实收资本"账户（其余账户在草稿纸上列示）并结账（计算账户的借、贷方发生额及期末余额）；❷根据T形账户的记录编制"总分类账户本期发生额及余额试算平衡表"。（2）或者：❶扫描"专项训练3-6"二维码并在下载的空白表3-9和表3-10电子表格中回答以上2个问题；❷通过在"财济书院"网站上注册的账号，提交完成的电子表格。

第四章 会计凭证的填制与审核

练习 4-1 单项选择题

单项选择题自测

在下列每小题给出的4个备选项中，只有一个符合题意。**要求**：❶将所选的字母序号填写在题目后的括号内；❷同时，将该题所选的字母序号填写在本书附录2第四章表4-1"单项选择题答案用纸"中；❸或者，扫描"单项选择题自测"二维码进行在线回答，回答完毕并提交后可参看正确答案与答案解析。

1.会计核算工作的起点和关键是（　　　）。

A.编制会计报表　　　　　　　　　　　B.编制会计分录

C.登记会计账簿　　　　　　　　　　　D.填制和审核会计凭证

2.将会计凭证划分为原始凭证和记账凭证的依据是（　　　）。

A.填制时间　　　　　　　　　　　　　B.取得来源

C.填制的程序和用途　　　　　　　　　D.反映的会计交易或事项

3.原始凭证是（　　　）。

A.登记日记账的根据　　　　　　　　　B.编制记账凭证的根据

C.编制科目汇总表的根据　　　　　　　D.编制汇总记账凭证的根据

4.领料凭证汇总表属于会计凭证中的（　　　）。

A.一次凭证　　　　B.累计凭证　　　　C.单式凭证　　　　D.汇总原始凭证

5.下列选项中，属于外来原始凭证的是（　　　）。

A.入库单　　　　　B.发料汇总表　　　C.银行收账通知单　　D.出库单

6.下列选项中，不属于会计凭证的是（　　　）。

A.发货票　　　　　B.领料单　　　　　C.购销合同　　　　D.住宿费收据

7.自制原始凭证按其填制手续次数和内容的不同，可以分为（　　　）。

A.一次凭证和汇总凭证　　　　　　　　B.单式凭证和复式凭证

C.收款、付款、转账凭证　　　　　　　D.一次、累计、汇总和记账编制凭证

8.原始凭证的基本构成要素中，不包括（　　　）。

A.会计科目　　　　B.内容摘要　　　　C.实物数量　　　　D.日期及编号

9.根据账簿记录和经济业务的需要而自制的原始凭证是（　　　）。

A.转账凭证　　　　B.累计凭证　　　　C.限额领料单　　　　D.记账编制凭证

10.对于金额出现错误的外来原始凭证，正确的更正方法是（　　　）。

A.退回并由开具单位重开　　　　　　　B.由接收单位更正并在更正处盖章

C.退回并向开具单位领导反映　　　　　D.由开具单位更正并在更正处盖章

11.会计人员对于不真实、不合法的原始凭证，应当（　　　）。

A.视具体情况而定　　　　　　　　　　B.受理并向单位领导书面报告

C.退回不予受理　　　　　　　　　　　D.受理并向单位领导口头报告

12.下列选项中，不属于记账凭证应具备的基本要素的是（　　　）。

A.接受凭证单位的名称　　　　　　　　B.记账凭证的编号

C.记账凭证的日期　　　　　　　　　　D.记账凭证的名称

13.下列经济业务中，应编制转账凭证的是（　　　）。

A.支付购买材料价款　　　　　　　　　B.支付材料运杂费

C.收回出售材料款　　　　　　　　　　D.车间领用材料

14.企业将库存现金存入银行，应编制的记账凭证是（　　　）。

A.付款凭证　　　　　B.收款凭证　　　　　C.转账凭证　　　　　D.现金付款凭证

15.将记账凭证分为收款凭证、付款凭证、转账凭证的依据是（　　　）。

A.凭证填制的手续　　　　　　　　　　B.凭证的来源

C.凭证所包括的会计科目是否单一　　　D.凭证所反映的会计交易或事项内容

16.下列选项中，属于原始凭证和记账凭证相同点的是（　　　）。

A.编制的时间相同　　　　　　　　　　B.所起的作用相同

C.经济责任的当事人相同　　　　　　　D.反映的会计交易或事项的内容相同

17.（　　　）能够作为出纳人员付出货币资金的依据。

A.收款凭证　　　　　B.付款凭证　　　　　C.转账凭证　　　　　D.原始凭证

18.以银行存款归还银行短期借款，应编制（　　　）。

A.转账凭证　　　　　B.收款凭证　　　　　C.付款凭证　　　　　D.以上均可

19.采购员报销差旅费 950 元并交回剩余现金 50 元，应编制的专用记账凭证是（　　　）。

A.收款凭证和转账凭证各一张　　　　　B.收款凭证和付款凭证各一张

C.两张付款凭证　　　　　　　　　　　D.付款凭证和转账凭证各一张

20.销售产品一批，部分货款已收回并存入银行，另有部分货款尚未收回，应填制的专用记账凭证是（　　　）。

A.收款凭证和转账凭证　　　　　　　　B.付款凭证和转账凭证

C.收款凭证和付款凭证　　　　　　　　D.两张转账凭证

练习 4-2　多项选择题

多项选择题自测

在下列每小题给出的 5 个备选项中，至少有 2 个符合题意。要求：❶将所选的字母序号填写在该题目后的括号内；❷同时，将该题所选的字母序号填写在本书附录 2 第四章表 4-2 "多项选择题答案用纸" 中；❸或者，扫描 "多项选择题自测" 二维码进行在线回答，回答完毕并提交后可参看正确答案与答案解析。

1.通过会计凭证的填制和审核，可以（　　　）。

A.检查经济业务的合法性　　　　　　　B.检查经济业务的合规性

C.检查经济业务的系统性　　　　　　　D.加强经营管理上的岗位责任制

E.及时地反映经济业务的发生和完成情况

2.下列选项中，属于原始凭证应具备的基本要素或内容的有（　　　）。

A.原始凭证名称　　　　　　　　　　　B.原始凭证填制日期

C.经办人员的签章　　　　　　　　　　D.交易双方单位（个人）的名称

E.经济业务内容、计量单位、数量、单价和金额

3.下列选项中，属于外来原始凭证的有（　　　）。

A.购入材料的发票　　　　B.出差住宿费收据　　　　C.银行结算凭证

D.销货发票记账联　　　　E.转账凭证

4.下列原始凭证中，属于一次凭证的有（　　　）。

A.限额领料单　　　　　　B.领料单　　　　　　　　C.领料汇总表

D.购货发票　　　　　　　E.销货发票

5.自制原始凭证按其填制程序和内容不同，可以分为（　　　）。

A.外来凭证　　　　　　　B.一次凭证　　　　　　　C.累计凭证

D.汇总原始凭证　　　　　E.记账编制凭证

6.下列选项中，符合外来原始凭证特征的有（　　　）。

A.从企业外部取得　　　　B.累计凭证　　　　　　　C.盖有填制单位公章

D.一次凭证　　　　　　　E.由企业会计人员填制

7."限额领料单"按照不同的标志分类可能属于（　　　）。

A.外来原始凭证　　　　　B.自制原始凭证　　　　　C.一次凭证

D.累计凭证　　　　　　　E.汇总原始凭证

8.下列凭证中，能证明经济业务发生并可据以编制记账凭证的有（　　　）。

A.供应单位开具的发票　　　B.购销合同　　　　　　　C.收款单位开具的收据

D.材料入库单　　　　　　　E.限额领料单

9.下列关于原始凭证的说法中，正确的有（　　　）。

A.必须真实记录，内容完整　　　　　　B.发生错误应按规定办法更正

C.购买实物的，必须有验收证明　　　　D.一式几联的，必须注明各联的用途

E.金额有错误的，应当由出具单位重开，不得在原始凭证上更正

10.审核原始凭证时应注意（　　　）。

A.各项目的填写是否正确　　　　　　　B.所运用的会计科目是否正确

C.数字计算有无错误　　　　　　　　　D.凭证上各项目是否填列齐全完整

E.凭证反映的经济业务是否合法

11.下列选项中，属于记账凭证应具备的基本要素或内容的有（　　　）。

A.填制单位及凭证的名称　　　　　　　B.附件张数与有关人员的签章

C.填制的日期及编号　　　　　　　　　D.应借应贷的会计科目及金额

E.经济业务的详细内容与接受凭证单位的名称

12.下列选项中，符合记账凭证特征及要求的有（　　　）。

A.记账凭证由经办业务人员填制

B.记账凭证由会计人员填制

C.记账凭证是登记账簿的直接依据

D.记账凭证在经济业务发生时填制

E.记账凭证根据审核无误的原始凭证填制

13.现金与银行存款相互划转时，一般应编制的专用记账凭证有（　　　　）。

A.库存现金收款凭证　　　　B.库存现金付款凭证　　　　C.转账凭证

D.银行存款收款凭证　　　　E.银行存款付款凭证

14.下列凭证中，属于复式记账凭证的有（　　　　）。

A.单科目记账凭证　　　　B.收款凭证　　　　C.付款凭证

D.转账凭证　　　　E.通用记账凭证

15.收款凭证和付款凭证是（　　　　）。

A.编制报表的直接依据

B.出纳人员办理收、付款项的依据

C.成本计算的依据

D.调整和结转有关账项的依据

E.登记库存现金、银行存款日记账的依据

16.记账凭证的编号方法有（　　　　）。

A.顺序编号法　　　　B.分类编号法　　　　C.奇偶数编号法

D.任意编号法　　　　E.分数编号法

17.在编制记账凭证时，错误的做法有（　　　　）。

A.编制复合会计分录

B.更正错账的记账凭证可不附原始凭证

C.一年内的记账凭证连续编号

D.从银行提取现金时只填现金收款凭证

E.将不同类型业务的原始凭证合并编制一张记账凭证

18.下列经济业务中，应填制付款凭证的有（　　　　）。

A.从银行提取现金备用　　　　B.销售商品未收款

C.将现金存入银行　　　　D.购买材料预付定金

E.通过银行转账偿还前欠某企业的货款

19.银行存款的收、付事项，涉及（　　　　）。

A.现金收款凭证　　　　B.现金付款凭证　　　　C.银行存款付款凭证

D.转账凭证　　　　E.银行存款收款凭证

20.会计凭证的保管应做到（　　　　）。

A.定期归档以便查阅　　　　B.查阅会计凭证要有手续

C.由企业随意销毁　　　　D.保证会计凭证的安全完整

E.办理了相关手续后方可销毁

判断题自测

练习 4-3 判断题

请判断下列每小题的正误，正确的用"√"表示，错误的用"×"表示。要求：❶在每小题后面的括号内填入判断结果；❷同时，将其判断结果填写在本书附录2第四章表4-3"判断题答案用纸"中；❸或者，扫描"判断题自测"二维码进行在线回答，回答完毕并提交后可参看正确答案与答案解析。

1.原始凭证记录的是经济信息，而记账凭证记录的是会计信息。　　　　（　　）

2.为简化核算，可将反映同类业务的原始凭证进行汇总，编制一张汇总原始凭证。
（　　）

3.外来原始凭证由外单位填制，自制原始凭证是由本单位财会人员填制的。
（　　）

4.通用记账凭证适用于会计交易或事项比较简单的会计主体。　　　　（　　）

5.根据原始凭证编制记账凭证，因此所有的记账凭证都必须附有原始凭证。
（　　）

6.一次凭证，是指只反映一项会计交易或事项的凭证，如"领料单"。　（　　）

7.累计凭证，是指在一定时期内连续记载若干项同类会计交易或事项，其填制手续是随着会计交易或事项发生而分次完成的凭证，如"限额领料单"。　　（　　）

8.制造费用分配表等各种费用分配表属于原始凭证中的记账编制凭证。　（　　）

9.在采用专用记账凭证的情况下，一项经济业务中，如果既涉及现金和银行存款的收付，又涉及转账业务，那么应同时填制收（付）款凭证和转账凭证。　　（　　）

10.根据有关账簿记录而编制的自制原始凭证属于记账编制凭证。　（　　）

11.记账凭证按其填制的方式不同，可分为专用记账凭证和通用记账凭证两种。（　　）

12.采用专用记账凭证时，与货币收付无关的业务一律编制转账凭证。　（　　）

13.采用专用记账凭证时，凡涉及库存现金增加的经济业务，按规定都应编制现金收款凭证。
（　　）

14.记账凭证的填制日期必须是经济业务发生或完成的日期。　　　（　　）

15.各种原始凭证，都应由会计人员填写，非会计人员不得填写，以保证原始凭证填制的正确性。
（　　）

专项训练 4-1

专项训练 4-1 识读原始凭证

1.基本概况：

上海东方机械公司的有关情况如下：❶开户银行及账号：工商银行上海市建设路支行，5110056088。❷地址及电话：上海市春申路68号，021-51170654。❸增值税类型及税务登记号：增值税一般纳税人，9131004021345607AB；增值税税率13%。❹法人代表：王虎城。❺财务负责人：药颖莉。❻会计：王玉芳。❼出纳员：韩敏洁。❽主要产品：A-320普通车床、B-260数控铣床。

2.资料：

该公司2×23年12月份部分经济业务（经济业务A至经济业务L）所收到或填制的原始凭证见表4-1至表4-27。

3.要求：

根据以上资料：（1）在本书附录2第四章专项训练4-1的表4-4中按照原始凭证应具备的基本要素，描述经济业务的具体内容（具体包括：结算类型、用途、抬头、填制单位名称、数量、单价、金额等）。（2）或者：❶扫描"专项训练4-1"二维码并在下载的空白表4-4电子表格中描述经济业务的具体内容；❷通过在"财济书院"网站上注册的账号，提交完成的电子表格。

1.经济业务A：收到或填制的原始凭证见表4-1至表4-3。

表4-1

电子发票（增值税专用发票）

发票号码：23311000000086001200
开票日期：2×23 年 12 月 03 日

购买方信息	名 称：上海联华机械公司 统一社会信用代码/纳税人识别号：91310020314956M839		销售方信息	名 称：上海东方机械公司 统一社会信用代码/纳税人识别号：9131004021345607AB			
项目名称	规格型号	单位	数量	单价	金 额	税率/征收率	税 额
*数控机床*车床	A-320	台	5	86 000.00	430 000.00	13%	55 900.00
*数控机床*铣床	B-260	台	4	90 000.00	360 000.00	13%	46 800.00
合 计					¥790 000.00		¥102 700.00
价税合计（大写）	⊗捌拾玖万贰仟柒佰元整				（小写）¥892 700.00		
备注							

开票人：王进喜

表4-2　**ICBC 中国工商银行 进账单（收账通知） 3**

2×23 年 12 月 3 日

付款人	全 称	上海联华机械公司		收款人	全 称	上海东方机械公司	此联是收款人开户银行交给收款人的收账通知
	账 号	2300860000			账 号	5110056088	
	开户银行	工商银行华光办事处			开户银行	工商银行上海市建设路支行	

人民币（大写）	捌拾玖万贰仟柒佰元整	千	百	十	万	千	百	十	元	角	分
			¥8	9	2	7	0	0	0	0	0

票据种类	转账支票	票据张数	1	
票据号码	15025486			
复核		记账		收款人开户银行签章

中国工商银行上海市建设路支行 2×23.12.3 转讫

表4-3　　　　　　　上海东方机械公司　　产品出库单　　　　　　仓库：成品库

购买方：上海联华机械公司　　　　　　2×23年12月3日　　　　　　编号：401

产品编号	规格	产品名称	计量单位	数量		单位成本	金额	备注
				应发	实发			
（略）	A-320	普通车床	台	5	5			
	B-260	数控铣床	台	4	4			对外销售

供销主管：莫发愁　　　　保管员：甄仔细　　　　记账：王玉芳　　　　制单：严尧秋

2.经济业务B： 收到或填制的原始凭证见表4-4至表4-6。

表4-4　　　　　　上海东方机械公司　　报账（付款）审批单

部门：办公室　　　　　　　　　2×23年12月5日

经手人	黄逸洲	事　由	支付广告费
项目名称	金额（元）	付款（结算）方式	备　注
销售费用	63 600.00	转账支票	
合　计	63 600.00		
单位负责人审批	财务主管	部门领导	出纳员
同意	同意	同意	
王虎城	药颖莉	特仁珍	韩敏洁

表4-5　　　　　　电子发票（增值税专用发票）

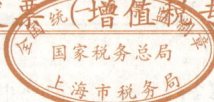

发票号码：23311000000086001295

开票日期：2×23年12月05日

购买方信息	名　称：上海东方机械公司 统一社会信用代码/纳税人识别号：91310040021345607AB			销售方信息	名　称：上海阳明传媒公司 统一社会信用代码/纳税人识别号：91310206318853206B			
项目名称	规格型号	单位	数量	单价	金　额	税率/征收率	税　额	
*广告服务*广告费		m³	100	600.00	60 000.00	6%	3 600.00	
合　计					¥60 000.00		¥3 600.00	
价税合计（大写）	⊗陆万叁仟陆佰元整					（小写）¥63 600.00		
备注								

开票人：赵发财

表4-6

中国工商银行
转账支票存根

支票号码23203180

附加信息 _____

_____

出票日期 2×23 年 12 月 5 日

收款人：上海阳明传媒公司	
金　额：63 600.00	
用　途：广告费	
单位主管：王虎城　会计：王玉芳	

3.经济业务C： 收到或填制的原始凭证见表4-7、表4-8。

表4-7

上海东方机械公司　收料单

供货单位：上海鸿运钢铁公司　　　　2×23 年 12 月 5 日　　　　编号：104　　仓库：原料库

材料类别	材料编号	名称及规格	计量单位	数量		实际成本（元）			
				应收	实收	发票价格	采购费用	合计	单价
（略）	（略）	钛合金型材	千克		1 000	80 000.00		80 000.00	80.00
合　计									

供销主管：莫发愁　　　保管员：特认真　　　记账：王玉芳　　　制单：艾志丹

表4-8

电子发票（增值税专用发票）

发票号码：23311000000086001321

开票日期：2×23 年 12 月 05 日

购买方信息	名　称：上海东方机械公司 统一社会信用代码/纳税人识别号： 9131004021345607AB					销售方信息	名　称：上海鸿运钢铁公司 统一社会信用代码/纳税人识别号： 913102063148532605		
项目名称		规格型号	单位	数量	单价	金　额	税率/征收率	税　额	
*金属延压品*钛合金型材		ABX15型	千克	1 000	80.00	80 000.00	13%	10 400.00	
合　计						¥80 000.00		¥10 400.00	
价税合计（大写）		⊗玖万零肆佰元整					（小写）¥90 400.00		
备注									

开票人：夏建国

4.经济业务D：收到或填制的原始凭证见表4-9至表4-13。

表4-9　　　　　上海东方机械公司　报账（付款）审批单

部门：办公室　　　　　　　　　　　　2×23年12月7日

经手人	黄逸洲	事　由	支付购买机床款	
项目名称	金额（元）	付款（结算）方式	备　注	附单据2张
固定资产	465 560.00	企业网银	直接交付车间使用	
合　计	465 560.00			
单位负责人审批	财务主管	部门领导	出纳员	
同意	同意	同意		
王虎城	药颖莉	特仁珍	韩敏洁	

表4-10　**ICBC 🏛 中国工商银行　业务回单（付款）**

日期：2×23年12月07日　　　　　　　回单编号：18008000023

付款人户名：上海东方机械公司	付款人开户行：中国工商银行上海市建设路支行
付款人账号（卡号）：5110056088	
收款人户名：南宁重型机械公司	收款人开户行：中国工商银行东海大华支行
收款人账号（卡号）：3246790025	
金额：肆拾陆万伍仟伍佰陆拾元整	小写：465 560.00元
业务（产品）种类：结算业务凭证　凭证种类：000000000	凭证号码：00000000000000000
摘要：支付购设备款　　　用途：转账	币种：人民币
交易机构：04100000292　记账柜员：03741	交易代码：02108　渠道：柜面
本回单为第一次打印，注意重复　打印日期：2×23年12月07日	打印柜员：8　验证码：DA45340EF025

（盖章：中国工商银行股份有限公司 上海建设路支行 专用（1））

表4-11　　　**电子发票（增值税专用发票）**

（盖章：国家税务总局 广西市税务局）

发票号码：23311000000086001410

开票日期：2×23年12月07日

购买方信息	名　称：上海东方机械公司				销售方信息	名　称：南宁重型机械公司		
	统一社会信用代码/纳税人识别号：9131004021345607AB					统一社会信用代码/纳税人识别号：915302063164532013		

项目名称	规格型号	单位	数量	单价	金　额	税率/征收率	税　额
*数控机床*机床	HT98型	台	5	82 400.00	412 000.00	13%	53 560.00
合　计					¥412 000.00		¥53 560.00
价税合计（大写）	⊗肆拾陆万伍仟伍佰陆拾元整					（小写）¥465 560.00		
备注	东方机械公司承诺下月付款。							

开票人：刘富民

表4-12

固定资产交接（验收）单

2×23年12月7日

编号	名称	规格	型号	计量单位	数量	建造单位		备注
0512	机床		HT98型	台	5	南宁重型机械公司		
总价	买价	安装费	运杂费	包装费	其他	原值	预计年限	净残值率
	412 000					412 000	10年	5%
用途	生产用		使用部门		生产车间		已提折旧	
验收意见	合格，交付使用			验收人签章			陆新华	

财务主管：药颖莉　　　　　制单：刘景明　　　　　复核：王玉芳

表4-13

ICBC 🅄 中国工商银行　业务回单（付款）

日期：2×23年12月07日　　　　　　回单编号：18008000024

付款人户名：上海东方机械公司　　　　付款人开户行：中国工商银行上海市建设路支行

付款人账号（卡号）：5110056088

收款人户名：　　　　　　　　　　　　收款人开户行：

收款人账号（卡号）：3246790025

金额：贰拾伍元整　　　　　　　　　　小写：25.00元

业务（产品）种类：结算业务凭证　　凭证种类：000000000　　凭证号码：00000000000000000

摘要：支付网银手续费　　　用途：转账　　　　　　　　币种：人民币

交易机构：04100000292　　记账柜员：03741　　　　交易代码：02108（1）　渠道：柜面

本回单为第一次打印，注意重复　打印日期：2×23年12月07日　打印柜员：8　验证码：DA45340EF020

5. 经济业务E：收到或填制的原始凭证见表4-14。

表4-14

电子缴款凭证

打印日期：2×23年12月09日　　　　　No2023121542213502

纳税人识别号	9131004021345607AB		税务征收机关	国家税务总局上海市税务局		
纳税人名称	上海东方机械公司		收款国库	国家税务总局上海分库022168		
开户银行	中国工商银行上海市分行		银行账号	5110056088		
系统税票号	税（费）种	税（品）目	所属时期	实缴金额	缴款日期	
3310162301100679014	增值税	有限责任公司增值税	2×23.11.16-2×23.11.30	99 800.00	2×23.12.09	
3310162301100679014	企业所得税	应纳税所得额	2×23.11.01-2×23.11.30	65 000.00	2×23.12.09	
3310162301100679014	城市维护建设税	市区（增值税附加）	2×23.11.01-2×23.11.30	13 230.00	2×23.12.09	
3310162301100679014	教育费附加	增值税教育费附加	2×23.11.01-2×23.11.30	5 670.00	2×23.12.09	
3310162301100679014	地方教育附加	增值税地方教育附加	2×23.11.01-2×23.11.30	3 780.00	2×23.12.09	
——以下空白——						
金额合计	（大写）壹拾捌万柒仟肆佰捌拾元整			¥187 480.00		
本缴款书仅作为纳税人记账核算凭证使用，需与银行对账单电子划款记录核对一致方有效。纳税人需开具完税证明，请凭税务登记证和有效身份证明，到主管税务机关开具《税收完税证明》。 税务机关（电子章）					电子签名串	

6.经济业务F： 收到或填制的原始凭证见表4-15。

表4-15　　**ICBC 图 中国工商银行　托收凭证（收账通知）**　　4　No

委托日期2×23 年 12 月 11 日　　　付款期限2×23 年 12 月 13 日

表类型	委托收款（□邮划　☑电划）		托收承付（□邮划　□电划）											
付款人	全　称	郑州市金铭锅炉公司		收款人	全　称	上海东方机械公司								
	账　号	5068860030			账　号	5110056088								
	地　址	河南省郑州市	开户行	工商银行郑州市支行		地　址	省上海市	开户行	工商银行上海市建设路支行					
金额	人民币（大写）	伍拾陆万伍仟元整				千	百	十	万	千	百	十	元	角	分
							¥	5	6	5	0	0	0	0	0
款项内容	货款	托收凭据名称		商业承兑汇票		附寄单证张数		1						
商品发运情况		合同名称号码												
备注：		上列款项已划回收入你方账户内。收款人开户银行签章　　　　2×23 年 12 月 13 日												
	复核　　记账													

中国工商银行上海市建设路支行 2×23.12.11 转讫

此联付款人开户行凭以汇款或收款人开户行作收账通知

7.经济业务G： 收到或填制的原始凭证见表4-16至表4-18。

表4-16　　**上海东方机械公司　产品出库单**　　仓库：成品库

购买方：兰州市明远汽修公司　　　　2×23 年 12 月 15 日　　　　编号：402

产品编号	规格	产品名称	计量单位	数量		单位成本	金　额	备　注
				应发	实发			
（略）	A-320	普通车床	台	9	9			对外销售

供销主管：莫发愁　　　保管员：甄仔细　　　记账：王玉芳　　　制单：严尧秋

二 财务联

表4-17　　**电子发票（增值税专用发票）**

国家税务总局 上海市税务局

发票号码：23311000000086001623

开票日期：2×23 年 12 月 15 日

购买方信息	名　称：兰州市明远汽修公司 统一社会信用代码/纳税人识别号：91620120314956840X					销售方信息	名　称：上海东方机械公司 统一社会信用代码/纳税人识别号：9131004021345607AB		
项目名称	规格型号	单位	数量	单价	金　额	税率/征收率		税　额
*数控机床*车床	A-320	台	9	86 000.00	774 000.00	13%		100 620.00
合　计					¥774 000.00			¥100 620.00
价税合计（大写）	⊗捌拾柒万肆仟陆佰贰拾元整					（小写）¥874 620.00		
备注	货物由购货方自提							

开票人：王进勇

表4-18

商业承兑汇票 2

00800392

出票日期
（大写）贰×贰叁年壹拾贰月壹拾伍日

付款人	全 称	兰州市明远汽修公司	收款人	全 称	上海东方机械公司
	账 号	6805860000		账 号	5110056088
	开户行	工商银行兰州市分行		开户银行	工商银行上海市建设路支行

出票金额	人民币（大写）	捌拾柒万肆仟陆佰贰拾元整	亿 千 百 十 万 千 百 十 元 角 分
			¥ 8 7 4 6 2 0 0 0

汇票到期日（大写）	贰×贰肆年零肆月壹拾伍日	付款人开户行	行号	38Q011486
交易合同号码			地址	兰州市明星路388号
本汇票已经承兑，到期无条件付款		本汇票请予以承兑，并于到期日付款		

承兑人签章
财务专用章
承兑日期：2×23年12月15日

出票人签章：

8.经济业务H： 收到或填制的原始凭证见表4-19至表4-22。

表4-19

上海东方机械公司 差旅费报销单

附单据 5 张

报销日期：2×23年12月20日

单位：元

姓 名	鲍巩英			出差事由		参加西安市港城新产品展销会		
启程日期及地点			到达日期及地点			发票信息		
月	日	地点	月	日	地点	旅客运输	价款	税额	金额合计
12	01	上海	12	01	西安	飞 机	1 550.00	135.00	1 685.00
12	01	西安	12	01	港城	高 铁	100.00	9.00	109.00
12	05	港城	12	05	西安	高 铁	100.00	9.00	109.00
12	05	西安	12	05	上海	飞 机	1 550.00	135.00	1 685.00
住宿地点：港城童话大酒店			住宿天数：4			住宿服务	1 800.00	108.00	1 908.00
小 计							5 100.00	396.00	5 496.00
出差补助天数：5天		市内交通包干：400.00元			伙食费补助：500.00元				900.00
合 计									6 396.00
实报金额	人民币（大写）	陆仟叁佰玖拾陆元整				¥6 396.00			
原预借金额：¥7 000.00		应退金额：¥604			应补金额：¥				

报销人签字：鲍巩英   负责人签章：刘彩购   出纳员签章：韩敏洁

提示与说明： "差旅费报销单"后附的飞机旅客运输服务增值税专用发票2张、高铁旅客运输服务增值税专用发票2张、住宿费增值税专用发票1张，本书为节约篇幅，将飞机和高铁旅客运输服务增值税专用发票其中的1张和住宿费增值税专用发票1张从略。

税制改革——增值税扩大抵扣范围：自2019年4月1日起，纳税人购进国内旅客运输服务，其进项税额允许从销项税额中抵扣。如果纳税人取得增值税专用发票的，按照发票上注明的税额确认进项税额。如果纳税人未取得增值税专用发票的，暂按照以下规定确定进项税额：❶取得注明旅客身份信息的航空运输电子客票行程单的，按照下列公式计算进项税额：航空旅客运输进项税额＝（票价＋燃油附加费）÷（1+9%）×9%；❷取得注明旅客身份信息的铁路车票的，按照下列公式计算进项税额：铁路旅客运输进项税额＝票面金额÷（1+9%）×9%；❸取得注明旅客身份信息的公路、水路等其他客票的，按照下列公式计算进项税额：公路、水路等其他旅客运输进项税额＝票面金额÷（1+3%）×3%。

表4-20

电子发票-（增值税专用发票）

旅客运输服务

发票号码：22611000400060523228
开票日期：2×23年12月13日

购买方信息	名称：上海东方机械公司			销售方信息	名称：中国铁路西安局集团有限公司		
	统一社会信用代码/纳税人识别号：91310004021345607AB				统一社会信用代码/纳税人识别号：91610000623110601A		

项目名称	单位	数量	单价	金额	税率/征收率	税额
*运输服务*客票款	人	1	200.00	200.00	9%	18.00
合计				¥200.00		¥18.00

出行人	有效身份证件号	出行日期	出发地	到达地	等级	交通工具类型
鲍巩英	1401021998****022X	2×23-12-01	西安	港城	一等	高铁

价税合计（大写）	⊗贰佰壹拾捌元整	（小写）¥218.00
备注		

开票人：高越男

表4-21

电子发票-（增值税专用发票）

旅客运输服务

发票号码：23441000800069523287
开票日期：2×23年12月05日

购买方信息	名称：上海东方机械公司			销售方信息	名称：中国南方航空股份有限公司		
	统一社会信用代码/纳税人识别号：91310004021345607AB				统一社会信用代码/纳税人识别号：91440000100017600N		

项目名称	单位	数量	单价	金额	税率/征收率	税额
*运输服务*客票款	人	1	1 300.00	1 300.00	9%	117.00
*代收民航发展基金*民航发展基金	人	1	50.00	50.00	不征税	***
*运输服务*客运燃油附加费	人	1	200.00	200.00	9%	18.00
合计				¥1 550.00		¥135.00

出行人	有效身份证件号	出行日期	出发地	到达地	等级	交通工具类型
鲍巩英	1401021998****022X	2×23-12-01	西安	上海	经济舱	飞机

价税合计（大写）	⊗壹仟陆佰捌拾伍元整	（小写）¥1 685.00
备注		

开票人：高越男

表4-22

上海东方机械公司　收款收据

2×23年12月20日　　　　　　　　　　编号：2×231220

今　收　到

鲍巩英　　　交来　　出差借款剩余款

现金收讫

人民币（大写）陆佰零肆元整　　　　¥604.00

备注：

第二联　记账联

记账：王玉芳　　　　出纳：韩敏洁　　　　制单：艾志丹

9.经济业务I： 收到或填制的原始凭证见表4-23。

表4-23

ICBC中国工商银行计收利息（付款通知）

2×23年12月21日　　　　　　借据号9821201228011501

客户号	3001356088	结算账号	5110056088	单位名称	上海东方机械公司
计息类型	经营周转借款		计息起讫日期	2×23年09月21日至2×23年12月20日	
正常本金/积数	288 000 000.00		利率：0.7%/月	利息	67 200.00
逾期本金/积数			利率：	利息	
欠息/积数			利率：	利息	
利息金额合计	人民币（大写）陆万柒仟贰佰元整			¥67 200.00	

客户联

银行盖章：　　　　　　　　　　复核：

10.经济业务J： 收到或填制的原始凭证见表4-24、表4-25。

表4-24

上海东方机械公司　领料单　　　　　编号：201

领料单位：生产车间　　　　2×23年12月1日　　　　仓库：原料库

材料类别	材料编号	名称及规格	计量单位	数量		单价	金额	领料用途
				请领	实发			
（略）	（略）	钛合金型材	千克	500	500	80	40 000	生产A-320普通车床
		铝合金型材	台	3 000	3 000	40	120 000	
		标准件	套	60	60	600	36 000	
							196 000	

二　财务联

车间主管：高安全　　　保管员：特认真　　　记账：王玉芳　　　制单：艾志丹

提示： 领料单共计20张，本书为减少篇幅，仅列示1张，其余领料单从略。

表4-25

发料凭证汇总表

附件 _20_ 张

2×23年12月31日

金额单位：元

材料名称 用途	钛合金型材		铝合金型材		标准件		金额合计
	数量	金额	数量	金额	数量	金额	
A-320普通车床生产	3 500	280 000	10 500	420 000	450	270 000	970 000
B-260数控机床生产	3 400	272 000	10 000	400 000	400	240 000	912 000
车间一般耗用	—		—		50	30 000	30 000
	—						
合 计	6 900	552 000	20 500	820 000	900	540 000	1 912 000

会计主管：药颖莉　　　　　制单：刘景明　　　　　复核：王玉芳

11.经济业务K：收到或填制的原始凭证见表4-26。

表4-26　　**ICBC 中国工商银行　借款借据（收账通知）3**

2×23年12月31日　　　　　　借据编号：201849

存款人	全　称	上海东方机械公司		付款人	全　称	工商银行上海市建设路支行
	账　号	5110056088			账　号	3899004286
	开户银行	工商银行上海市建设路支行			开户银行	工商银行上海市建设路支行

借款金额	人民币 （大写）	肆拾伍万元整	亿 千 百 十 万 千 百 十 元 角 分 ¥ 4 5 0 0 0 0 0 0
借款原因及用途	资金周转借款	年利率 6% 借款期限	2×23-12-31至 2×24-06-30

中国工商银行上海市建设路支行 2×23.12.31 转讫

根据授信额度及你单位的借款用途，上列借款已转入你单位结算账户内

此致

银行签章

此联是收款人开户银行交给收款人的收账通知

12.经济业务L：收到或填制的原始凭证见表4-27。

表4-27　　**ICBC 中国工商银行　现金缴款单**

2×23年12月31日　　　　　　序号：

客户填写部分	收款人户名		上海东方机械公司		
	收款人账号	5110056088	收款人开户行	工商银行上海市建设路支行	
	缴　款　人	张晓芳	款项来源	销货款	
	币种	人民币☑ 外币□	（大写）贰万壹仟陆佰陆拾元整	百 十 万 千 百 十 元 角 分 ¥ 2 1 6 6 0 0 0	
	券别	100元 50元 20元 10元 5元 2元 1元	辅币（金额）	封包（金额）	
	张数	200　20　30　6			
银行打印	上述款项已入账，请核对与银行打印信息一致				

中国工商银行上海市建设路支行 2×23.12.31 转讫

第二联　收款人入账通知

（银行打印有效）　　　　收款人：王大忠

专项训练 4-2　填制记账凭证

专项训练 4-2

1.资料：

光明机械厂 2×23 年 9 月份发生的部分经济业务所填制或收到的原始凭证，见本章专项训练 4-1，该企业的会计主管：李萍，记账人员：王立，出纳人员：孙周，复核人员：刘芳，制单人员：填写学生自己的名字。

2.要求：

根据以上资料：（1）在本书附录 2 第四章专项训练 4-2 给出的空白"记账凭证"中填制专用记账凭证（按"现收字""现付字""银收字""银付字""转字"5 种编号方法进行编号）。（2）或者：❶扫描"专项训练 4-2"二维码并在下载的空白"记账凭证"电子表格中填制专用记账凭证；❷通过在"财济书院"网站上注册的账号，提交完成的电子表格。

第五章　制造业企业主要经济业务的核算（上）

练习 5-1　单项选择题

在下列每小题给出的 4 个备选项中，只有一个符合题意。要求：❶将所选的字母序号填写在题目后的括号内；❷同时，将该题所选的字母序号填写在本书附录 2 第五章表 5-1"单项选择题答案用纸"中；❸或者，扫描"单项选择题自测"二维码进行在线回答，回答完毕并提交后可参看正确答案与答案解析。

1.下列经济业务中，能引起"资本公积"账户借方发生变动的是（　　）。

A.向某灾区捐赠　　　　　　　　　　B.资本公积转增资本

C.向投资人分派股利　　　　　　　　D.溢价发行股票

2.某有限责任公司由 A、B 两个股东各出资 50 万元设立，经过 3 年的营运后，其资产总额为 210 万元，负债总额为 60 万元。这时 C 投资者有意加盟本公司，经各方协商确定 C 投资者以 80 万元现金出资，并占该公司股份的 1/3，该公司在接受 C 投资者投资时，应借记"银行存款"账户 80 万元，贷记（　　）。

A."实收资本"账户 80 万元

B."实收资本"账户 75 万元、"资本公积"账户 5 万元

C."实收资本"账户 50 万元、"资本公积"账户 30 万元

D."实收资本"账户 55 万元、"资本公积"账户 25 万元

3.甲公司为有限责任公司，于 3 年前成立，公司成立时注册资本为 1 000 万元。乙公司现在欲向甲公司投入资本 800 万元，占甲公司接受投资后全部有表决权资本的 1/3，则甲公司接受乙公司投资时，发生的资本溢价应为（　　）。

A.400 万元　　　　　B.300 万元　　　　　C.500 万元　　　　　D.200 万元

4.某增值税一般纳税人企业购入一台设备，买价 10 000 元，增值税税额 1 300 元，运杂费 300 元，安装调试费 1 000 元，现已投入使用，该项固定资产的原价应为（　　）。

A.10 000 元　　　　　B.11 300 元　　　　　C.11 700 元　　　　　D.13 000 元

5.下列各项中，不属于材料采购成本构成项目的是（　　）。

A.材料的买价　　　　　　　　　　　B.运输途中的合理损耗

C.外地运杂费　　　　　　　　　　　D.专设采购机构经费

6.下列各项与存货相关的费用中，不应计入存货成本的是（　　）。

A.材料采购过程中发生的运输费　　　B.材料入库前发生的挑选整理费

C.材料入库后发生的仓储费　　　　　D.材料采购过程中发生的装卸费

7.在不设置"预收账款"账户和"预付账款"账户的情况下，"应付账款"账户的借方余额反映的是（　　）。

A.应付给供货单位的款项 　　　　　　　B.预收购货单位的款项

C.预付给供货单位的款项 　　　　　　　D.应收购货单位的款项

8.某企业本月购进原材料400千克，货款为24 000元，增值税为3 120元，发生的保险费为1 400元，入库前发生的挑选整理费用为520元。验收入库时发现数量短缺10%，经查属于运输途中的合理损耗。企业确定的该批原材料的实际单位成本为（　　）元/千克。

A.62.80 　　　　　　B.66.00 　　　　　　C.70.56 　　　　　　D.72.00

9.企业购买材料时发生的途中合理损耗应（　　）。

A.由供应单位赔偿 　　　　　　　　　　B.计入材料采购成本

C.由保险公司赔偿 　　　　　　　　　　D.计入管理费用

10.成本属于价值的范畴，是新增（　　）。

A.成本的组成部分 　　　　　　　　　　B.资产价值的组成部分

C.利润的组成部分 　　　　　　　　　　D.费用的组成部分

11.制造业企业的产品成本项目是指（　　）。

A.生产费用按产品品种的分类 　　　　　B.生产费用按成本计算对象的分类

C.生产费用按经济用途的分类 　　　　　D.生产费用按经济内容的分类

12.下列各项费用中，不能直接记入"生产成本"账户的是（　　）。

A.生产工人的福利费 　　　　　　　　　B.生产工人的工资

C.车间管理人员的薪酬 　　　　　　　　D.构成产品实体的原材料费用

13.在企业经营过程中，当可以直接确定某种费用是为某项经营活动产生时，我们称这种费用为该成本计算对象的（　　）。

A.生产费用 　　　　B.直接费用 　　　　C.间接费用 　　　　D.期间费用

14.下列费用中，不构成产品成本，而应直接计入当期损益的是（　　）。

A.直接材料费用 　　B.期间费用 　　　　C.制造费用 　　　　D.直接人工费用

15.某企业"生产成本"账户的期初余额为80万元，本期为生产产品发生直接材料费用640万元，直接人工费用120万元，制造费用160万元，企业行政管理费用80万元，本期结转完工产品成本640万元，该企业期末"生产成本"账户的余额为（　　）。

A.200万元 　　　　　B.280万元 　　　　C.360万元 　　　　D.440万元

16.若无月末在产品，则本月发生的生产费用在构成本期完工产品成本中（　　）。

A.应全部不计入 　　B.应全部计入 　　　C.应计入一部分 　　D.不一定全部计入

17.本期的产品生产成本是指（　　）。

A.本期实际支出的生产费用 　　　　　　B.本期发生并已对象化的生产费用

C.本期实际发生的生产费用 　　　　　　D.本期完工的生产费用

18.下列账户中，与"制造费用"账户不可能发生对应关系的账户是（　　）账户。

A.库存现金 　　　　B.银行存款 　　　　C.库存商品 　　　D.应付职工薪酬

19.下列各项内容中，符合收入要素确认要求的是（　　）。

A.出售无形资产净收益 　　　　　　　　B.出售材料收入

C.出售固定资产净收益 　　　　　　　　D.向购货方收取的增值税税额

20.在应计制下，下列货款应确认为本月基本业务收入的是（　　）。

A.本月销售产品款项未收到　　　　　　B.本月预收下月货款存入银行

C.上月销货款本月收存银行　　　　　　D.收到本月仓库租金存入银行

21.企业出租固定资产所取得的租金收入，属于（　　）。

A.主营业务收入　　　B.投资收益　　　C.营业外收入　　　D.其他业务收入

练习 5-2　　多项选择题

多项选择题自测

在下列每小题给出的5个备选项中，至少有2个符合题意。要求：❶将所选的字母序号填写在该题目后的括号内；❷同时，将该题所选的字母序号填写在本书附录2第五章表5-2"多项选择题答案用纸"中；❸或者，扫描"多项选择题自测"二维码进行在线回答，回答完毕并提交后可参看正确答案与答案解析。

1.制造业企业主要经营过程核算的内容包括（　　）。

A.筹资活动的核算　　　　B.投资活动的核算　　　　C.营业活动的核算

D.财务成果的核算　　　　E.期间费用的核算

2.企业的资本金，按其投资主体不同可以分为（　　）。

A.货币投资　　　　　　　B.国家投资　　　　　　　C.个人投资

D.法人投资　　　　　　　E.外商投资

3.下列内容不能在"固定资产"账户核算的有（　　）。

A.购入正在安装的设备　　　　　　　　B.经营性租入的设备

C.融资租入的不需要安装的设备　　　　D.购入的不需要安装的设备

E.赊购的直接投入使用的设备

4.增值税一般纳税人企业购入的机器设备，其入账价值包括（　　）。

A.购买价款　　　　　　　B.运杂费　　　　　　　　C.增值税

D.进口关税　　　　　　　E.安装成本

5.计算固定资产折旧时，应考虑的因素主要有固定资产的（　　）。

A.使用年限　　　　　　　B.原始价值　　　　　　　C.使用强度

D.管理部门　　　　　　　E.净残值

6.下列选项中，构成增值税一般纳税人企业存货实际成本的有（　　）。

A.支付的买价　　　　　　B.支付的外地运杂费　　　C.运输途中的合理损耗

D.支付的增值税　　　　　E.存货入库后发生的仓储费用

7.下列选项中，构成企业购入材料的采购成本的内容包括（　　）。

A.材料买价　　　　　　　B.增值税进项税额　　　　C.采购人员差旅费

D.采购费用　　　　　　　E.专设销售机构经费

8.将当月发生的增值税进项税额错计入材料采购成本，其结果会使（　　）。

A.月末资产增加　　　　　B.月末利润增加　　　　　C.月末财务费用增加

D.月末负债增加　　　　　E.月末应交税费增加

9.企业在采购材料过程中发生的下列费用中，不计入材料采购成本，而是列作管理费用的有（　　　）。

A.采购人员差旅费　　　　　B.专设采购机构经费　　　　　C.运输途中的合理损耗

D.外地运杂费　　　　　E.市内采购材料的零星运杂费

10.供应过程核算中，与借记"原材料"账户相对应的贷方账户可能有（　　　）账户。

A.应付账款　　　　　B.应付票据　　　　　C.银行存款

D.预付账款　　　　　E.应交税费

11.对于共同性采购费用，应分配计入材料采购成本，下列内容可以用来作为分配材料采购费用标准的有（　　　）。

A.材料的买价　　　　　B.材料的种类　　　　　C.材料的名称

D.材料的重量　　　　　E.材料的体积

12.制造业企业主要经营过程的成本计算内容包括（　　　）。

A.供应过程物资采购成本的计算　　　　　B.生产过程产品生产成本的计算

C.在建工程成本的计算　　　　　D.销售过程产品销售成本的计算

E.基本建设的工程成本的计算

13."生产成本"账户（　　　）。

A.用以归集产品生产所发生的全部生产费用，并据以计算产品的生产成本

B.借方登记月份内发生的全部生产费用

C.贷方登记转入"库存商品"账户的完工产品成本

D.月终如有借方余额，表示尚未完工产品的成本

E.月终可能有贷方余额，表示成品资金占用额

14.下列费用和成本账户中，月末一般无余额的有（　　　）账户。

A.生产成本　　　　　B.销售费用　　　　　C.管理费用

D.制造费用　　　　　E.财务费用

15.下列账户中，需要按费用项目或支出项目设置明细账的有（　　　）账户。

A.管理费用　　　　　B.销售费用　　　　　C.营业外支出

D.制造费用　　　　　E.生产成本

16.下列账户中，月末应该没有余额的有（　　　）账户。

A.生产成本　　　　　B.制造费用　　　　　C.管理费用

D.财务费用　　　　　E.应付职工薪酬

17.下列关于"制造费用"账户的说法中，正确的有（　　　）。

A.期末借方余额表示在产品成本　　　　　B.借方登记实际发生的各项制造费用

C.期末分配结转一般没有余额　　　　　D.期末结转"本年利润"账户后无余额

E.贷方登记分配转入产品成本的制造费用

18.产品在生产过程中发生的各项生产费用，按其经济用途进行分类，构成产品生产成本的成本项目具体包括（　　　）。

A.直接材料费　　　　　B.直接人工费　　　　　C.期间费用

D.设备折旧费　　　　　E.制造费用

19.确定本月完工产品成本时，影响其生产成本计算的因素主要有（　　　）。

A.月初在产品成本　　　　　B.月末库存产品成本　　　　　C.本月已销产品成本

D.月末在产品成本　　　　　E.本月发生的生产费用

20.下列选项中，不应计入产品生产成本费用支出的有（　　　）。

A.销售费用　　　　　　　B.管理费用　　　　　　　C.财务费用

D.制造费用　　　　　　　E.营业外支出

21.下列各项收入中，可能属于制造业企业其他业务收入的有（　　　）。

A.销售材料的收入　　　　　　　　B.提供运输劳务获得的收入

C.出租固定资产的租金收入　　　　D.出售固定资产的净收入

E.转让无形资产所有权获得的收入

判断题自测

练习5-3　判断题

请判断下列每小题的正误，正确的用"√"表示，错误的用"×"表示。要求：❶在每小题后面的括号内填入判断结果；❷同时，将其判断结果填写在本书附录2第五章表5-3"判断题答案用纸"中；❸或者，扫描"判断题自测"二维码进行在线回答，回答完毕并提交后可参看正确答案与答案解析。

1.企业资本公积金的主要来源是企业收到的所有者出资额超过其在注册资本中所占份额的部分。　　　　　　　　　　　　　　　　　　　　　　　　　　　　（　　　）

2.企业的投入资本是企业独立承担民事责任的资金保证，在数量上应等于企业在市场监督管理部门登记的注册资金总额。　　　　　　　　　　　　　　　　　　（　　　）

3.原材料的单位成本，是指从供货方取得的发货票上列明的原材料的单价。　（　　　）

4."固定资产"账户登记企业所有的固定资产的原价、增减变动和结余情况，不仅包括企业购入、自建的固定资产，而且包括融资租入的固定资产。　　　　　　（　　　）

5.企业用支票支付购货款时，应通过"应付票据"账户进行核算。　　　　（　　　）

6.对于预收货款业务不多的企业，可以不单独设置"预收账款"账户，其发生的预收货款通过"应收账款"账户核算。　　　　　　　　　　　　　　　　　　　（　　　）

7.企业对外出售固定资产时获得的出售收入应记入"其他业务收入"账户。　（　　　）

8.企业在购入材料过程中发生的采购人员的差旅费以及市内零星运杂费等不计入材料的采购成本，而是作为管理费用列支。　　　　　　　　　　　　　　　　　（　　　）

9.生产费用按其经济内容分类而形成的若干项目，称为成本项目。　　　　（　　　）

10.某项费用计入制造费用和计入管理费用，对当期损益的影响一定是不同的。

（　　　）

11.制造业企业的生产费用，在产品完工时即转变为产品制造成本。　　　　（　　　）

12.车间固定资产修理所发生的所有修理费，均应记入"制造费用"账户。　（　　　）

13.收入既不包括为第三方或客户代收的款项，也不包括处置固定资产净收益和出售无形资产净收益。　　　　　　　　　　　　　　　　　　　　　　　　　　　（　　　）

14.企业的资本公积金和未分配利润统称为留存收益。　　　　　　　　　　（　　　）

15.在权益不变的情况下，企业资产的增加可能是由于实现利润而引起的。　（　　　）

专项训练 5-1　资金筹集经济业务的核算

本专项训练要求编制的记账凭证（简易）包括：❶填写摘要；❷编制会计分录并列出明细科目；❸对记账凭证按照收、付、转进行编号。

1. 资料：

运城市前进机械公司为有限责任公司，于2年前成立，公司成立时注册资本为1 000 000元。2×23年3月份发生下列资本投入的经济业务：

（1）收到货币资金投资款。收到开户银行转来的"中国工商银行进账单"，系运城市国资委（股东）交来剩余投资款100 000元。

（2）收到实物作价投资款。收到华远公司（股东）以2台全新设备（直接交付车间使用）交来剩余投资款，双方协商作价22 600元；收到的数电票"电子发票（增值税专用发票）"上注明：价款20 000元、税额2 600元。

（3）增资扩股收到新股东增资款。收到新的投资者光辉公司投来的一项专利权，双方协商作价318 000元，收到的数电票"电子发票（增值税专用发票）"上注明：价款300 000元，税额18 000元，光辉公司的投资占运城市前进机械公司接受投资后全部有表决权资本的25%。

（4）资本公积转增资本金。经有关部门批准将资本公积350 000元转增资本金。

（5）借入短期借款。从中国农业银行晋城支行（简称"农行晋支"）取得6个月的借款100 000元存入银行账户。

（6）偿还短期借款。前向中国建设银行晋城分行（简称"建行晋分"）借入的期限为6个月的借款到期，用银行存款偿还本金50 000元。

2. 要求：

根据所给资料：（1）在本书附录2第五章专项训练5-1表5-4中按照记账凭证的要求编制专用记账凭证；（2）或者：❶扫描"专项训练5-1"二维码并在下载的空白表5-4电子表格中按照记账凭证的要求编制专用记账凭证；❷通过在"财济书院"网站上注册的账号，提交完成的电子表格。

专项训练 5-2　投资活动经济业务的核算

1. 资料：

长青机械公司2×23年10月发生下列有关固定资产投资的经济业务：

（1）购进不需要安装的设备。收到购买生产用机床的数电票"电子发票（增值税专用发票）"上注明：数量2台、单价150 000元、价款300 000元、税额39 000元；对方代垫运费并转来承运单位神华物流公司开具的数电票"电子发票（增值税专用发票）"上注明：运费3 000元，税额270元；价税合计342 270元已通过企业网银付讫，设备直接交付车间使用。

（2）购进需要安装的设备。收到为2号生产线工程购买的生产用WH88型车床的数电票"电子发票（增值税专用发票）"上注明：数量2台、单价250 000元、价款500 000元、税额65 000元；对方代垫运费并转来承运单位开具的数电票"电子发票（增值税专用发票）"上注明：运费4 000元，增值税税额360元。价税合计569 360元已通过企业网银付讫，设备已经运抵企业并直接交付安装。

（3）在建工程领用原材料。企业自行组织力量进行生产线工程产品仓库的建造，耗用生产用材料共计175 000元，分配的人工费为40 000元。

（4）支付安装费。生产线工程WH88型车床的安装委托通达机械安装公司进行，结算安装费收到的数电票"电子发票（增值税专用发票）"上注明：价款20 000元、税额1 800元，价税合计21 800元已通过企业网银付讫。

（5）工程完工交付使用。2号生产线工程安装完毕，经验收合格达到预定可使用状态，计算并结转工程成本。

（6）购进无形资产。从东方信息技术开发公司购入一项D专利的所有权，收到的数电票"电子发票（增值税专用发票）"上注明：价款240 000元，税额14 400元，价税合计254 400元已通过企业网银付讫。

（7）增资扩股。为配电室工程接受星光电气公司投资投入的MN36型变压器4台已交付安装，收到的数电票"电子发票（增值税专用发票）"上注明：价款2 000 000元，税额260 000元，根据协议该投资占长青机械公司注册资本800万元的20%。

2.要求：

根据所给资料：（1）在本书附录2第五章专项训练5-2表5-5中按照记账凭证的要求编制专用记账凭证；（2）或者：❶扫描"专项训练5-2"二维码并在下载的空白表5-5电子表格中按照记账凭证的要求编制专用记账凭证；❷通过在"财济书院"网站上注册的账号，提交完成的电子表格。

专项训练5-3

专项训练5-3　供应过程经济业务的核算

1.资料：

运城市前进机械厂2×23年2月份发生下列有关材料采购的经济业务：

（1）采用网银结算方式向明远市永兴公司购入材料。❶收到的数电票"电子发票（增值税专用发票）"上注明：甲材料2 000千克、单价30元、价款60 000元、税额7 800元；乙材料3 000千克、单价30元、价款90 000元、税额11 700元。❷对方代垫运费并转来承运单位开具的数电票"电子发票（增值税专用发票）"上注明：运费7 000元，税额630元，运费按照材料的重量采用比例分配法进行分配。❸材料验已收入库并填制"收料单"；❹经审核无误后价税合计177 130元通过企业网银付讫，收到银行转来的"中国工商银行业务回单（付款）"。

（2）采用赊购方式向大同市滨河公司购入材料。❶收到的数电票"电子发票（增值税专用发票）"上注明：丙材料2 000千克、单价100元、价款200 000元，税额26 000元；❷对方代垫运费并转来承运单位开具的数电票"电子发票（增值税专用发票）"上注明：

运费 4 000 元，税额 360 元；❸材料已验收入库并填制"收料单"；❹价税合计 230 360 元，经协商承诺下月支付。

（3）采用商业汇票结算方式向云峰市兴华公司购入材料。❶收到的数电票"电子发票（增值税专用发票）"上注明：甲材料 2 000 千克，单价 32 元，价款 64 000 元，税额 8 320 元；❷合同规定运费由对方负担，材料已验收入库并填制"收料单"；❸价税合计 72 320 元，签发一张为期 5 个月的商业承兑汇票。

（4）在途物资。从广元市圣元公司购入下列材料：❶收到的数电票"电子发票（增值税专用发票）"上注明：A 材料 1 000 千克、单价 26 元、价款 26 000 元、税额 3 380 元；B 材料 2 000 千克、单价 20 元、价款 40 000 元、税额 5 200 元。❷价税合计 74 580 元，经审核无误后通过企业网银付讫并收到银行转来的"中国工商银行业务回单（付款）"。

（5）计算并结转在途物资验收入库的成本。上述 A 材料、B 材料的运输委托太原市前进物流公司运输。❶收到的数电票"电子发票（增值税专用发票）"上注明：运费 1 200 元，税额 108 元；❷价税合计 1 308 元，开出转账支票支付。❸上述材料验收入库，按照材料重量分配运费，填制"收料单"计算并结转采购成本。

（6）预付购货定金。按照合同的规定，通过企业网银预付向万荣市庆丰公司购生铁款 200 000 元，收到银行转来的"中国工商银行业务回单（付款）"。

（7）采用预付货款结算方式购进原材料。上月向晋城市光庆公司购买的已预付货款扁钢验收入库。❶收到的数电票"电子发票（增值税专用发票）"上注明：扁钢 20 吨、单价 3 000 元、价款 60 000 元、税额 7 800 元，价税合计 67 800 元；❷填制"收料单"，合同规定运费由销售方负担；❸经审核无误后扣除前已预付的 55 000 元，余款 12 800 元通过企业网银付讫（提示：应编制转账凭证和付款凭证各一张）。

（8）通过银行偿还前欠货款。通过企业网银偿还上月所欠原平市光明公司的货款 46 800 元，收到银行转来的"中国工商银行业务回单（付款）"。

（9）偿付到期商业承兑汇票款。前向滨河公司购买材料所签发的一张金额为 351 000 元的商业承兑汇票到期，通过企业网银付讫。

2.要求：

根据所给资料：（1）在本书附录 2 第五章专项训练 5-3 表 5-6 中按照记账凭证的要求编制专用记账凭证；（2）或者：❶扫描"专项训练 5-3"二维码并在下载的空白表 5-6 电子表格中按照记账凭证的要求编制专用记账凭证；❷通过在"财济书院"网站上注册的账号，提交完成的电子表格。

专项训练 5-4　生产费用经济业务的核算

专项训练 5-4

1.资料：

永峰机械公司 2×23 年 3 月发生下列有关生产费用的经济业务：

（1）月末分配并结转材料费用。❶该公司原材料的收发采用"月末一次加权平均法"计价。**月初结存：** 甲材料 2 000 千克、总成本 76 000 元，乙材料 1 000 千克、总成本 34 000 元；**本月购进：** 甲材料 6 000 千克、总成本 244 000 元，乙材料 4 000 千克、总成本 116 000

元；**本月发出**：根据"领料单"汇总。❷根据"领料单"汇总编制的"发料凭证汇总表"上显示，生产A产品领用甲材料4 000千克和乙材料2 000千克，生产B产品领用甲材料3 000千克和乙材料1 500千克，车间一般性消耗领用乙材料400千克，厂部一般性消耗领用乙材料200千克。

（2）月末分配并结转工薪费用。根据各车间、部门的考勤记录和工资标准汇总编制的"工薪费用结算汇总表"上显示，车间生产工人工资：A产品60 000元、B产品40 000元；管理人员工资：车间10 000元、行政管理部门人员30 000元、专设销售机构人员6 000元，配电室工程人员工资4 000元。

（3）通过企业网银支付职工工资。收到"中国工商银行电子转账凭证"和"中国工商银行批量代付成功清单"，由银行代发职工工资150 000元直接转入职工个人账户。

（4）支付并分配职工体检费。❶收到市人民医院体检中心开具的数电票"电子发票（增值税普通发票）"上注明：职工体检费价20 000元，税率6%，税额1 200元；❷价税合计21 200元通过企业网银付讫；❸根据受益对象编制的"职工体检费分配表"上显示：车间生产工人体检费：A产品6 000元、B产品4 000元，管理人员体检费：车间3 000元、行政管理部门人员6 000元、专设销售机构人员2 200元。

（5）支付房屋修理费计入资产成本或期间损益。❶收到本市利源建筑公司开具的数电票"电子发票（增值税专用发票）"上注明：车间房屋修缮费10 000元和办公大楼修理费20 000元，税额2 700元；❷价税合计32 700元通过企业网银付讫。

（6）办公室报销购买办公用品款。❶收到的数电票"电子发票（增值税专用发票）"上注明：价款8 100元，税额1 053元；❷价税合计9 153元，通过企业网银付讫。❸编制的"办公用品领用分配表"上显示：生产车间、专设销售机构、行政管理部门各负担1/3。

（7）计提并分配固定资产折旧费。月末，按照月初固定资产原值和规定的折旧率，计算编制的"固定资产折旧费用计提表"上显示：生产车间折旧额为39 000元，行政管理部门折旧额为13 000元。

（8）支付并分配水费。❶收到自来水公司开具的数电票"电子发票（增值税专用发票）"，注明水费价款16 000元，税额1 440元，价税合计17 440元，已通过企业网银付讫；❷按照各车间、部门水的耗用量编制的"水费计算分配表"上显示产品生产耗用10 000元、车间一般消耗3 000元、行政管理部门耗用3 000元。

（9）支付并分配电费。❶收到供电公司开具的数电票"电子发票（增值税专用发票）"，注明电费价款34 000元，税额4 420元，价税合计38 420元，已通过企业网银付讫；❷按照各车间、部门电的耗用量编制的"电费计算分配表"上显示产品生产耗用24 000元、车间一般消耗5 000元、行政管理部门耗用5 000元。

（10）归集分配并结转制造费用。加计本月发生的上述制造费用为84 700元，按生产工人工时（A产品6 000小时，B产品4 000小时）的比例分配，A产品应分配50 820元、B产品应分配33 880元。

2.要求：

根据所给资料：（1）在本书附录2第五章专项训练5-4表5-7中按照记账凭证的要求编制专用记账凭证；（2）或者：❶扫描"专项训练5-4"二维码并在下载的空白表5-7电子表格中按照记账凭证的要求编制专用记账凭证；❷通过在"财济书院"网站上注册的账号，提交完成的电子表格。

专项训练5-5 产品成本计算经济业务的核算

专项训练5-5

1.资料：

大同机械公司专门生产A、B两种产品并采用"定额成本法"计算完工产品成本。2×23年9月份有关A、B产品生产成本的资料见表5-1、表5-2。

表5-1　　　　**在产品成本定额及月初在产品定额成本**　　　　金额单位：元

产品名称及定额　成本项目	A产品（400台）		B产品（150台）		定额成本合计
	单位成本定额	定额成本	单位成本定额	定额成本	
直接材料	185	74 000	320	48 000	122 000
直接人工	55	22 000	100	15 000	37 000
制造费用	35	14 000	60	9 000	23 000
合　计	—	110 000	—	72 000	182 000

表5-2　　　**本月在产品、完工产品数量及发生的生产费用汇总表**　　　单位：元

产品名称	在产品、完工产品数量				本月各成本项目发生额		
	月初在产品	本月投产	本月完工	月末在产品	直接材料	直接人工	制造费用
A产品	400	2 600	2 500	500	480 000	280 000	243 600
B产品	150	650	800	0	206 000	140 000	
合　计	—	—	—	—	686 000	420 000	243 600

2.要求：

根据所给资料：（1）在本书附录2第五章专项训练5-5的表5-8至表5-12中回答以下4个问题：❶按照本月直接人工比例计算分配制造费用并编制"制造费用分配表"；❷计算并填制"产品成本计算单"；❸计算并编制"完工产品成本计算单"；❹计算并结转制造费用及完工产品成本的记账凭证。（2）或者：❶扫描"专项训练5-5"二维码并在下载的空白表5-8至表5-12电子表格中回答以上4个问题；❷通过在"财济书院"网站上注册的账号，提交完成的电子表格。

专项训练5-6 销售过程经济业务的核算

专项训练5-6

1.资料：

南京市兴隆机械公司对存货的计价采用"月末一次加权平均法"，库存商品月初结存：A产品60件，总成本99 000元，B产品40件，总成本96 000元。2×23年8月份发生下列有关产品销售的经济业务：

（1）采用网银结算方式向本市红星公司销售产品。❶开具的数电票"电子发票（增值税专用发票）"上注明：A产品50件、单价3 000元、价款150 000元、税额19 500元，B产品40件、单价4 000元、价款160 000元、税额20 800元。❷填制一式三联的"产品出

库单"并将"提货联"交由对方自提货物；❸价税合计350 300元收到对方签发的转账支票，填制一式两联的"中国工商银行进账单"送存银行并收到"收账通知"联。

（2）采用赊销方式向北京市新民公司销售产品。❶开具的数电票"电子发票（增值税专用发票）"上注明：A产品50件、单价3 000元、价款150 000元、税额19 500元；B产品50件、单价4 000元、价款200 000元、税额26 000元。❷货已发出，价税合计395 500元，对方承诺下月付款。❸合同规定运费由销货方负担，本公司委托本市华远物流公司运输，收到物流公司开具的数电票"电子发票（增值税专用发票）"上注明：运费30 000元、税额2 700元，价税合计32 700元，通过企业网银付讫。

（3）采用商业汇票结算方式向天津市宏盛公司销售产品。❶开具的数电票"电子发票（增值税专用发票）"上注明：A产品40件，单价3 000元，价款120 000元，税额15 600元；❷填制一式三联的"产品出库单"并将"提货联"交由对方自提货物；❸价税合计135 600元，收到对方签发并承兑、期限为6个月、金额为135 600元的商业承兑汇票。

（4）采用预收账款方式向无锡市光明机床厂销售产品。❶开具的数电票"电子发票（增值税专用发票）"上注明：A产品50件，单价3 000元，价款150 000元，税额19 500元；❷产品已发出，通过企业网银支付代垫运费4 360元；❸价税合计及代垫运费结清前已预收的款项173 860元。

（5）预收定金。收到开户银行转来金额为250 000元的"中国工商银行业务回单（收款）"，为华源公司预付购买A产品交来的定金。

（6）采用预收账款方式向华阴市东祥机械厂销售产品。❶开具的数电票"电子发票（增值税专用发票）"上注明：A产品40件，单价3 000元，价款120 000元，税额15 600元；❷产品已发出，对方自提；❸价税合计135 600元，从原预收账款140 000元中扣除，余款4 400元通过企业网银转回华阴市东祥机械厂。

（7）采用预收账款方式向临潼市瑞华机械公司销售产品。❶开具的数电票"电子发票（增值税专用发票）"上注明：B产品30件，单价4 000元，价款120 000元，税额15 600元；❷填制一式三联的"产品出库单"并将"提货联"交由对方自提货物；❸价税合计135 600元，扣除原预收账款的135 000元外，余款600元通过企业网银收讫。

（8）计算并结转完工产品成本。根据"完工产品成本计算单"结转本月完工产品成本784 000元，其中：❶A产品完工入库240件，总成本408 000元；❷B产品完工入库160件，总成本376 000元。

（9）月末计算并结转上述已销产品的生产成本。

（10）向本市童莉公司转让多余的材料。❶开具的数电票"电子发票（增值税专用发票）"上注明：甲材料400千克，单价40元，价款16 000元，税额2 080元；❷材料已经发出并填制"领料单"；❸收到对方提交的金额为18 080元的"中国工商银行进账单（收账通知）"。

（11）计算并结转转让原材料成本。经计算400千克甲材料加权平均单价为38元/千克。

2.要求：

根据所给资料：（1）在本书附录2第五章专项训练5-6表5-13"记账凭证（简易）用纸"中按照记账凭证的要求编制专用记账凭证。（2）或者：❶扫描"专项训练5-6"二维码并在下载的空白表5-13电子表格中按照记账凭证的要求编制专用记账凭证；❷通过在"财济书院"网站上注册的账号，提交完成的电子表格。

第六章　制造业企业主要经济业务的核算（下）

练习 6-1　单项选择题

·在下列每小题给出的4个备选项中，只有一个符合题意。要求：❶将所选的字母序号填写在题目后的括号内；❷同时，将该题所选的字母序号填写在本书附录2第六章表6-1"单项选择题答案用纸"中；❸或者，扫描"单项选择题自测"二维码进行在线回答，回答完毕并提交后可参看正确答案与答案解析。

1.企业按月计提短期借款利息费用，在实际支付时，应借记（　　）账户。

A.财务费用　　　　B.应付利息　　　　C.短期借款　　　　D.在建工程

2.企业年初所有者权益总额为400万元，年内接受投资150万元，本年实现利润总额400万元，所得税税率25%，按10%的比例提取盈余公积，决定向投资人分配利润100万元。则企业年末的所有者权益总额为（　　）万元。

A.820　　　　　　B.950　　　　　　C.750　　　　　　D.850

3.按月计提的短期借款利息，一般应借记（　　）账户。

A.管理费用　　　　B.财务费用　　　　C.应付利息　　　　D.短期借款

4.企业出租固定资产所取得的租金收入，属于（　　）。

A.营业收入　　　　B.投资收益　　　　C.营业外收入　　　　D.其他业务收入

5.下列费用中，不构成产品成本，而应直接计入当期损益的是（　　）。

A.直接材料费用　　B.期间费用　　　　C.制造费用　　　　D.直接人工费用

6.产品生产车间发生的制造费用经过分配之后，一般应记入（　　）账户。

A.生产成本　　　　B.库存商品　　　　C.本年利润　　　　D.主营业务成本

7.增值税一般纳税人企业发生的下列税金中，与企业损益计算无关的是（　　）。

A.增值税　　　　　B.消费税　　　　　C.所得税　　　　　D.城市维护建设税

8.下列各项中，符合收入要素确认要求的是（　　）。

A.出售无形资产净收益　　　　　　　B.出售材料收入

C.出售固定资产净收益　　　　　　　D.向购货方收取的增值税税额

9.下列各项中，不属于企业营业收入的是（　　）。

A.销售商品收入　　　　　　　　　　B.提供劳务取得的收入

C.出售固定资产的收入　　　　　　　D.出租机器设备取得的收入

10.某企业2×23年应交的各种税费分别为：增值税200万元，消费税100万元，城市维护建设税21万元，教育费附加9万元，上述各种税金应计入期间损益的金额为（　　）。

A.300万元   B.130万元   C.230万元   D.330万元

11.年末结账后，"利润分配"账户的贷方余额表示（   ）。

A.本年实现的利润总额   B.本年已实现的净利润额

C.本年已分配的利润总额   D.年末累计未分配利润额

12.某企业2×23年8月31日所有者权益情况如下：实收资本1 000万元，资本公积85万元，盈余公积190万元，未分配利润160万元，则该企业9月30日的留存收益为（   ）。

A.160万元   B.350万元   C.190万元   D.435万元

13.对于采用"账结法"的企业，"本年利润"账户年内贷方余额表示（   ）。

A.累计实现的净利润额   B.累计发生的亏损总额

C.累计未分配利润额   D.累计实现的利润总额

14.在下列所有者权益账户中，反映所有者原始投资的账户是（   ）账户。

A.实收资本   B.盈余公积   C.本年利润   D.利润分配

15.下列账户中，既属于结算账户，又属于负债类账户的是（   ）账户。

A.应收账款   B.预收账款   C.应收票据   D.预付账款

16.当企业不单设"预付账款"账户时，预付购货定金的业务可在（   ）账户中反映。

A.应收账款   B.预收账款   C.应付账款   D.其他应收款

17.下列账户中，不属于资产备抵调整账户的是（   ）账户。

A.利润分配   B.坏账准备   C.累计折旧   D.累计摊销

18."生产成本"账户如有借方余额，按其用途和结构分类属于（   ）账户。

A.计价对比   B.盘存   C.集合分配   D.跨期摊配

19.下列账户中，按用途和结构分类不属于费用计算账户的是（   ）账户。

A.管理费用   B.财务费用   C.制造费用   D.销售费用

20.当调整账户与被调整账户的余额方向不同时，调整账户执行的功能是（   ）。

A.备抵调整   B.对比调整   C.附加调整   D.备抵附加调整

21.当企业不单设"预收账款"账户时，收到的购货定金可在（   ）账户中反映。

A.应收账款   B.其他往来   C.应付账款   D.预付账款

22.下列账户中，属于反映利润形成情况的账户是（   ）账户。

A.销售费用   B.利润分配   C.本年利润   D.管理费用

23.下列账户中，属于备抵附加账户的是（   ）账户。

A.坏账准备   B.累计折旧   C.利润分配   D.材料成本差异

24.债权债务结算账户的借方登记的内容是（   ）。

A.债务的增加   B.债务的增加，债权的减少

C.债权的增加   D.债务的减少，债权的增加

25.某公司存货按计划成本核算，"原材料"账户期末余额50万元，"材料成本差异"账户期初借方余额2万元、期末贷方余额6万元，该公司期末原材料实际成本为（   ）。

A.56万元   B.44万元   C.54万元   D.46万元

26.下列关于抵减账户和被抵减账户的说法中，错误的是（   ）。

A.有抵减账户就有被抵减账户

B.抵减账户不能离开被抵减账户而独立存在

C.抵减账户与其被抵减账户反映的经济内容相同

D.抵减账户与其被抵减账户因反映的经济内容相同，所以其结构也基本相同

27.下列关于结算账户余额的说法中，正确的是（　　　）。

A.期初在贷方、期末在借方　　　　　　B.可能在借方，也可能在贷方

C.期初在借方、期末在贷方　　　　　　D.借方余额与贷方余额相抵后在贷方

练习 6-2　多项选择题

在下列每小题给出的 5 个备选项中，至少有 2 个符合题意。要求：❶将所选的字母序号填写在该题目后的括号内；❷同时，将该题所选的字母序号填写在本书附录 2 第六章表6-2"多项选择题答案用纸"中；❸或者，扫描"多项选择题自测"二维码进行在线回答，回答完毕并提交后可看正确答案与答案解析。

1.企业实现的净利润要以（　　　）。

A.利润的形式分配给投资者　　　　　　B.所得税的形式上交给国家

C.资本公积金的形式留给企业　　　　　D.盈余公积金的形式留给企业

E.实收资本的形式留给企业

2.计算固定资产折旧时，应考虑的因素主要有固定资产的（　　　）。

A.使用年限　　　　　　B.原始价值　　　　　　C.使用强度

D.管理部门　　　　　　E.净残值

3.下列各项中，不应计入管理费用的有（　　　）。

A.车间房屋的日常修理费　　　　　　　B.车间生产设备的折旧费

C.经营租出设备的折旧费　　　　　　　D.专设销售机构设备的折旧费

E.车间生产设备的日常修理费

4.企业实现的净利润应进行相关的分配，具体分配的内容包括（　　　）。

A.计算缴纳所得税　　　　　　　　　　B.支付银行借款利息

C.提取法定盈余公积　　　　　　　　　D.向投资人分配利润

E.提取任意盈余公积

5.企业在采购材料过程中发生的下列费用中，不计入材料采购成本，而是列作管理费用的有（　　　）。

A.采购人员差旅费　　　　　　　　　　B.专设采购机构经费

C.运输途中的合理损耗　　　　　　　　D.外地运杂费

E.市内采购材料的零星运杂费

6.下列费用和成本账户中，月末一般无余额的有（　　　）账户。

A.生产成本　　　　　　B.销售费用　　　　　　C.管理费用

D.制造费用　　　　　　E.在建工程

7.下列账户中，月末应该没有余额的有（　　　）账户。

A.生产成本　　　　　　B.制造费用　　　　　　C.管理费用

D.财务费用　　　　　　E.应付职工薪酬

8.下列关于"制造费用"账户的说法中，正确的有（　　　）。

A.期末借方余额表示在产品成本　　　　　　B.借方登记实际发生的各项制造费用

C.期末分配结转后一般没有余额　　　　　　D.期末结转"本年利润"账户后无余额

E.贷方登记分配转入产品成本的制造费用

9.下列各项中，应计入企业销售费用的有（　　　　）。

A.销售产品的广告费　　　　　　　　　　　B.代买方垫付的运费

C.生产中的包装材料费　　　　　　　　　　D.产品展览费

E.专设销售机构人员的薪酬和设备折旧费

10.下列各项中，按规定应作为企业营业外支出处理的有（　　　　）。

A.捐赠支出　　　　　　　B.坏账损失　　　　　　　C.出售无形资产净收益

D.罚款支出　　　　　　　E.固定资产盘亏净损失

11.下列各项税费中，应记入"税金及附加"账户的有（　　　　）。

A.消费税　　　　　　　　B.增值税　　　　　　　　C.教育费附加

D.印花税　　　　　　　　E.城市维护建设税

12.下列各项中，应在"税金及附加"账户借方登记的税费有（　　　　）。

A.增值税　　　　　　　　B.消费税　　　　　　　　C.城市维护建设税

D.资源税　　　　　　　　E.所得税

13.下列账户中，年末结账后应该没有余额的有（　　　）账户。

A.主营业务收入　　　　　B.营业外收入　　　　　　C.本年利润

D.利润分配　　　　　　　E.管理费用

14.下列账户中，需要按费用项目或支出项目设置明细账的有（　　　）账户。

A.管理费用　　　　　　　B.销售费用　　　　　　　C.营业外支出

D.制造费用　　　　　　　E.生产成本

15."利润分配"账户应设置的明细账户有（　　　）明细账户。

A.未分配利润　　　　　　B.提取资本公积　　　　　C.应付利润

D.提取法定盈余公积　　　E.提取任意盈余公积

16.下列关于"本年利润"账户的说法中，正确的有（　　　　）。

A.借方余额为发生的累计亏损　　　　　　　B.贷方登记期末转入的各项收入

C.年末该账户经结转后无余额　　　　　　　D.借方登记期末转入的各项费用

E.贷方余额为实现的累计净利润

17.下列账户中，不属于集合分配账户的有（　　　）账户。

A.制造费用　　　　　　　B.财务费用　　　　　　　C.管理费用

D.应付利息　　　　　　　E.长期待摊费用

18.下列账户中，按用途和结构进行分类，属于投资权益账户的有（　　　）账户。

A.本年利润　　　　　　　B.实收资本　　　　　　　C.利润分配

D.资本公积　　　　　　　E.盈余公积

19.在生产过程中，用来归集制造产品发生的生产费用，并据以计算完工产品生产成本的账户有（　　　）账户。

A.制造费用　　　　　　　B.库存商品　　　　　　　C.材料采购

D.生产成本　　　　　　　E.主营业务成本

20.债权债务结算类账户的贷方发生额可能表示（　　　　）。

A.债权增加额　　　　　　　B.债务增加额　　　　　　C.债权减少额

D.债务减少额　　　　　　　E.债务增加额与债权减少额的合计金额

21.账户按照用途和结构进行分类，下列属于计价对比账户的有（　　　）账户。

A.材料采购　　　　　　　　B.本年利润　　　　　　　C.固定资产清理

D.累计折旧　　　　　　　　E.材料成本差异

22.账户按照用途和结构进行分类，下列属于费用计算账户的有（　　　）账户。

A.生产成本　　　　　　　　B.制造费用　　　　　　　C.管理费用

D.销售费用　　　　　　　　E.税金及附加

23.下列账户中，可能属于盘存账户的有（　　　）账户。

A.原材料　　　　　　　　　B.库存商品　　　　　　　C.银行存款

D.固定资产　　　　　　　　E.生产成本

24.账户的用途，是指通过账户记录（　　　）。

A.能提供什么核算指标　　　　　　B.怎样记录经济业务

C.观察借贷方登记的内容　　　　　D.判断账户期末余额的方向

E.表明开设和运用账户的目的

25.下列各类账户中，期末如有余额则表现在借方的有（　　　）类账户。

A.债权结算　　　　　　　　B.投资权益　　　　　　　C.盘存

D.成本计算　　　　　　　　E.收入计算

26.所谓账户的结构，是指账户如何提供核算指标，即账户（　　　）。

A.期末余额的方向　　　　　B.余额表示的内容　　　　C.借方核算的内容

D.贷方核算的内容　　　　　E.设置和运用的目的

27."长期待摊费用"账户，按其不同标志分类可能属于（　　　）。

A.资产类账户　　　　　　　B.集合分配账户　　　　　C.跨期摊配账户

D.费用类账户　　　　　　　E.成本计算账户

28.下列账户中，反映流动资产的账户有（　　　）账户。

A.应收账款　　　　　　　　B.应付利息　　　　　　　C.长期待摊费用

D.原材料　　　　　　　　　E.库存商品

29.下列账户中，属于债权结算账户的有(　　　)账户。

A.预付账款　　　　　　　　B.应付账款　　　　　　　C.应收账款

D.应收票据　　　　　　　　E.预收账款

30.账户按用途和结构进行分类，"材料采购"账户可能属于（　　　）账户。

A.资产类　　　　　　　　　B.盘存类　　　　　　　　C.计价对比类

D.成本计算类　　　　　　　E.费用类

练习6-3　判断题

判断题自测

请判断下列每小题的正误，正确的用"√"表示，错误的用"×"表示。要求：❶在每小题后面的括号内填入判断结果；❷同时，将其判断结果填写在本书附录2第六章表6-3

"判断题答案用纸"中；❸或者，扫描"判断题自测"二维码进行在线回答，回答完毕并提交后可参看正确答案与答案解析。

1.企业取得的各种利息收入都属于投资收益，应在"投资收益"账户进行核算。
（　　）

2.企业在购入材料过程中发生的采购人员的差旅费以及市内零星运杂费等不计入材料的采购成本，而是作为管理费用列支。（　　）

3.某项费用计入制造费用和计入管理费用对当期损益的影响一定是不同的。（　　）

4.车间固定资产修理所发生的所有修理费，均应计入"制造费用"账户。（　　）

5.企业实现的营业利润减去所得税费用后即为税后利润。（　　）

6.企业计算缴纳的所得税应以净利润为基础，加或减各项调整因素。（　　）

7.配比原则要求应将营业外收入减去营业外支出，进而确定营业外利润。（　　）

8.盈余公积和未分配利润，均可以用来弥补亏损。（　　）

9.按经济内容分类分出的费用类账户是核算企业在经营过程中发生的各种费用支出的账户，这里的费用是指狭义的费用。（　　）

10.按用途和结构对账户的分类，实质上是按会计对象的具体内容进行的分类。
（　　）

11."主营业务成本"账户是反映营业成本的账户，"其他业务成本"账户是反映非营业成本的账户。（　　）

12.账户按其经济内容划分归为一类，则按其用途和结构划分也必定归为一类。
（　　）

13.盘存账户的特点是所有账户均应进行总分类和明细分类核算，以提供实物数量和金额两种指标。（　　）

14.一般而言，账户的用途和结构都直接或间接地依附于账户的经济内容。（　　）

15."本年利润"账户和"利润分配"账户，是用来反映利润的形成和分配情况，按其用途和结构分类同属于一个类别。（　　）

16.按账户的用途和结构分类，"制造费用"账户属于成本计算账户。（　　）

17.投资权益账户是用来核算投资者投资的增减变动及实有额的账户，在正常情况下该账户的期末余额都不可能在借方。（　　）

18."资本公积"账户按其经济内容分类属于投资权益账户。（　　）

19.集合分配账户是用来归集应由某个成本计算对象负担的间接费用的账户，因而具有明显的过渡性质，期末一般没有余额。（　　）

20.调整账户按其调整方式的不同又可以分为抵减账户和抵减附加账户。（　　）

21.抵减附加账户的期末余额方向不是固定的，当其余额在借方时，起着附加作用，当其余额在贷方时，起着抵减作用。（　　）

22.属于所有者权益类的账户，按照用途和结构分类都属于投资权益账户。（　　）

23."制造费用"账户，按其经济内容进行分类属于成本类账户，按其用途和结构分类属于费用计算账户。（　　）

24."应收账款"账户的被调整账户是"坏账准备"账户。（　　）

25.当企业不单独设置"预收账款"账户时，预收的销货定金因其属于负债，应通过"应付账款"账户核算。（　　）

26.当企业不单独设置"预收账款"账户时，预付的购货定金应通过"应付账款"账户核算。（　　）

专项训练6-1　销售税费经济业务的核算

专项训练6-1

1.资料：

郑州市华清机械公司为增值税一般纳税人并兼营运输业务，2×23年9月份发生下列有关增值税及销售税费的经济业务。

（1）从宏兴冶炼公司购入有色金属：❶收到的数电票"电子发票（增值税专用发票）"上注明：黄铜12 400千克、单价60元、价款744 000元，税额96 720元；❷对方代垫运费并转来承运单位开具的数电票"电子发票（增值税专用发票）"，其上注明：运费18 000元，税额1 620元；❸材料已验收入库，填制"收料单"，黄铜采购成本为762 000元；❹价税合计860 340元，通过企业网银付讫。

（2）缴纳上月未交增值税49 000元、应交城市维护建设税5 600元、应交教育费附加2 400元和应交地方教育附加1 600元，收到银行转来的"电子缴款凭证"。

（3）采用赊销方式向耀光机械公司销售产品：❶开具的数电票"电子发票（增值税专用发票）"上注明：B产品WH型机床20台，单价45 000元，价款900 000元，税额117 000元；❷货物已发出并由本公司的运输队代为运输，开具的数电票"电子发票（增值税专用发票）"上注明：运费40 000元，税额3 600元；❸价税合计1 060 600元，对方承诺下月付款。

（4）缴纳本月1—15日应缴的增值税22 260元，收到银行转来的"电子缴款凭证"。

（5）采用商业汇票结算方式向外地宝源钢铁公司购入钢材。❶收到的数电票"电子发票（增值税专用发票）"上注明：扁钢50吨，单价5 000元，价款250 000元，税额32 500元；槽钢50吨，单价6 000元，价款300 000元，税额39 000元；❷对方代垫运费并转来承运单位开具的数电票"电子发票（增值税专用发票）"上注明：运费54 000元，税额4 860元；❸材料已验收入库，运费按照材料的重量进行分配并填制"收料单"，上列扁钢采购成本为277 000元、槽钢采购成本为327 000元；❹价税合计680 360元，公司签发一张为期5个月的商业承兑汇票。

（6）采用商业汇票结算的方式向外地盛强机械公司销售产品：❶开具的数电票"电子发票（增值税专用发票）"上注明：WA型车床30台，单价30 000元，价款900 000元，税额117 000元；❷货物已发出并由本公司的运输队代为运输，开具的数电票"电子发票（增值税专用发票）"上注明：运费50 000元，税额4 500元；❸价税合计1 071 500元，由本公司签发期限为6个月并由购货方承兑的商业汇票。

（7）按照上述发生的进项税额、已交税金和销项税额计算并结转本月未交增值税。

（8）按本月应交增值税的7%、3%和2%，分别计算并结转应交城市维护建设税、教育费附加和地方教育附加。

2.要求：

根据所给资料：（1）在本书附录2第六章专项训练6-1表6-4中编制专用记账凭证；（2）或者：❶扫描"专项训练6-1"二维码并在下载的空白表6-4电子表格中编制专用记账凭证；❷通过在"财济书院"网站上注册的账号，提交完成的电子表格。

专项训练6-2　期间费用及营业外收支经济业务的核算

专项训练6-2

1.资料：

太原重型机械公司2×23年12月份发生下列有关期间费用及营业外收支的经济业务：

（1）经批准，生产部主任赵全章参加新技术交易博览会，填制金额为6 000元的"借款单"，出纳员以现金付讫。

（2）报销差旅费——实报金额小于原借款金额。12月11日，供销科科长朱逸群出差归来报销上月借款的差旅费。❶由出差人填制差旅费报销单，并经有关部门负责人审核同意后，实报金额6 914元，包括伙食费和交通费包干1 200元（200元/天×6天）。❷后附有关发票4张：高铁旅客运输服务数电票"电子发票（增值税专用发票）"上注明，价款400元、税额36元，2张飞机旅客运输服务数电票"电子发票（增值税专用发票）"上注明，价款1 550元、税额135元，住宿费数电票"电子发票（增值税专用发票）"上注明，价款1 800元、税额108元；❸原借款8 500元，退回余款并填制金额为1 586元的内部"收款收据"。

（3）向本市翔远油品公司购进润滑油并验收入库。❶收到的数电票"电子发票（增值税专用发票）"上注明：数量50桶，单价20元，价款1 000元，税额130元；❷价税合计1 130元，开出转账支票支付；❸填制"现金报销单"，报销市内运杂费180元并以库存现金付讫。

（4）办公室主任报销购买的办公用品678元。❶收到的数电票"电子发票（增值税专用发票）"（并附办公用品清单）上注明：价款600元，税额78元；❷填制"办公用品领用表"，其上列明：车间200元、生产科300元、专设销售机构100元；❸填制"现金报销单"并以库存现金付讫。

（5）采购员王格平填制"现金报销单"，报销市内交通费380元，并以库存现金付讫。

（6）通过企业网银预付购买宝山钢铁公司钢材的定金500 000元；开户银行转来"中国工商银行业务回单（付款）"，直接扣除手续费25元。

（7）收到开户行转来的"中国工商银行计收借款利息单（付款通知）"，银行直接扣除本季度借款利息75 000元。

（8）收到开户行转来的"中国工商银行计付存款利息单（收款通知）"，存入本季度存款利息15 200元。

（9）月末计提应由本月负担的银行短期借款利息24 800元。

（10）应付强生机械公司的货款23 000元，因该公司已被注销，按规定将其确认为营业外收入。

（11）按照平均年限法计算并结转无形资产摊销。月末根据无形资产明细账的记录编制"无形资产摊销表"见表6-1。

表6-1

无形资产摊销表

2×23年12月31日 单位：元

名 称	入账时间	原 值	摊销年限	已摊销月 数	累计已摊销金额	本月应摊销金额	备注
M专利技术	2×19-12-31	300 000	10	48	120 000	2 500	自用
N专利技术	2×23-12-01	585 000	10			4 875	自用
合 计		885 000	—	—	120 000	7 375	

2.要求：

根据所给资料：（1）在本书附录2第六章专项训练6-2表6-5中编制专用记账凭证。（2）或者：❶扫描"专项训练6-2"二维码并在下载的空白表6-5电子表格中编制专用记账凭证；❷通过在"财济书院"网站上注册的账号，提交完成的电子表格。

专项训练6-3　本年利润"表结法"的具体应用

专项训练6-3

1.资料：

永盛机械公司所得税采取"按年计算、按月据实预缴并在下月实际缴纳，年终汇算清缴"的方式，本年利润的结转采用"表结法"。（1）2×23年10月末"所得税费用"账户借方累计发生额为34万元；（2）2×23年各收入类及费用类账户累计发生额（在结转12月份预缴所得税之前）见表6-2。

表6-2

收入类及费用类账户累计发生额表

2×23年度 金额单位：万元

账户名称	11月末"本年累计"金额		12月份发生额		12月末"本年累计"金额	
	借方	贷方	借方	贷方	借方	贷方
主营业务收入		360		93		453
其他业务收入		48		10		58
投资收益		2		9		11
营业外收入		10		4		14
主营业务成本	160		45		205	
其他业务成本	30		3		33	
税金及附加	10		3		13	
销售费用	20		5		25	
管理费用	34		6		40	
财务费用	4		4		8	
信用减值损失	0		5		5	
营业外支出	2		4		6	
所得税费用	40					
合 计	300	420	75	116	536	

2.要求：

根据所给资料：进行有关项目的计算并编制专用记账凭证。（1）在本书附录2第六章专项训练6-3表6-6中回答以下4个问题：❶计算该公司11月份实现的利润总额及应据实预缴的所得税税额，12月上旬实际缴纳11月份应交所得税；❷反方向结转全年费用类账户累计发生额至"本年利润"账户；❸反方向结转全年收入类账户累计发生额至"本年利润"账户；❹计算12月据实预缴所得税税额，同时结转"所得税费用"账户至"本年利润"账户的借方。（2）或者：❶扫描"专项训练6-3"二维码并在下载的空白表6-6电子表格中回答以上4个问题；❷通过在"财济书院"网站上注册的账号，提交完成的电子表格。

专项训练6-4　本年利润"账结法"的具体应用

1.资料：

专项训练6-3表6-2有关资料，假设永盛机械公司本年利润结转采用"账结法"，12月初"本年利润"账户贷方余额为160万元，其他条件不变。

2.要求：

根据所给资料，进行有关项目的计算并编制专用记账凭证。（1）在本书附录2第六章专项训练6-4表6-7中回答以下5个问题：❶计算该公司11月份实现的利润总额；❷结转12月份收入类账户发生额至"本年利润"账户。❸结转12月份费用类账户发生额至"本年利润"账户；❹计算12月据实预缴所得税税额，同时结转"所得税费用"账户至"本年利润"账户的借方。❺思考"表结法"与"账结法"的异同。（2）或者：❶扫描"专项训练6-4"二维码并在下载的空白表6-7电子表格中回答以上5个问题；❷通过在"财济书院"网站上注册的账号，提交完成的电子表格。

专项训练6-5　利润分配经济业务的核算

1.资料：

希望机械公司：（1）2×23年年初"利润分配"账户贷方余额100万元。（2）2×23年年末"本年利润"账户贷方余额300万元（税后利润）。（3）根据《公司法》的规定按照净利润的10%计提法定盈余公积。（4）根据董事会的决定拿出可供分配利润的60%向投资者进行分配。（5）甲、乙、丙投资者的投资比例分别为40%、35%、25%。

2.要求：

根据所给资料，进行有关项目的计算并编制专用记账凭证：（1）在本书附录2第六章专项训练6-5表6-8中回答以下3个问题：❶按本年实现净利润的10%计算并结转提取的法定盈余公积。❷按照投资比例分配并结转应付给各投资者的利润。❸计算并结转未分配利润，包括：A.结转累计实现的净利润。B.结转已分配的利润。C.计算年末累计未分配利润。（2）或者：❶扫描"专项训练6-5"二维码并在下载的空白表6-8电子表格中回答以上 4 个问题；❷通过在"财济书院"网站上注册的账号，提交完成的电子表格。

专项训练 6-6 "本年利润"和"利润分配"账户的结构

专项训练 6-6

1. 资料：

（1）C 公司：❶按规定，所得税采取"按年计算、按月据实预缴、年终汇算清缴"的方式，所得税税率为 25%，本年利润采用"账结法"。❷2×23 年年初资产总额为 400 万元，负债总额为 100 万元，2×23 年年末所有者权益总额为 340 万元；❸2×23 年 10 月末，"本年利润"账户为贷方余额 84 万元；❹12 月初"本年利润"账户为贷方余额 74 万元；❺12 月份实现税后利润 31 万元；❻年末按 10% 的比例提取法定盈余公积，董事会决定分配给投资人利润 65 万元。

（2）N 公司 2×23 年的"利润分配"账户的有关记录如下：❶"利润分配"总账账户年初贷方余额为 68 万元，本年借方全年发生额（包括年末结账发生额）为 310 万元，年末贷方余额（结账后）为 125 万元。❷"利润分配"账户下设三个明细账户：提取法定盈余公积、应付股利、未分配利润，上述明细账户经过年末的最终结账，除了"未分配利润"明细账户有余额外，其他明细账户均没有余额。

2. 要求：

根据所给资料，进行有关项目的计算并编制专用记账凭证：（1）在本书附录 2 第六章专项训练 6-6 表 6-9 中回答以下 6 个问题：❶计算 1—10 月份 C 公司的利润总额；❷计算 11 月份 C 公司的利润总额；❸计算 C 公司 12 月份实现的利润总额；❹计算 C 公司本年度所有者权益增加额并分析其原因；❺计算 N 公司本年实现的净利润并列出计算过程；❻思考 N 公司利润分配和年末结转净利润及已分配利润应编制的会计分录是什么？（2）或者：❶扫描"专项训练 6-6"二维码并在下载的空白表 6-9 电子表格中回答以上 6 个问题；❷通过在"财济书院"网站上注册的账号，提交完成的电子表格。

专项训练 6-7 掌握结算账户的结构及具体应用

专项训练 6-7

1. 资料：

（1）致远机械制造公司 2×23 年 8 月份发生下列经济业务（假设不考虑增值税因素）：❶用银行存款 50 000 元归还上月欠甲公司的货款；❷收到丙公司发来的价值 48 000 元的材料，已验收入库，款项上个月已经预付 35 000 元，差额部分通过银行支付；❸从乙公司购买材料，价款为 90 000 元，材料已验收入库，款项未付；❹通过银行预付购买丙公司产品的定金 70 000 元；❺通过银行收到 C 工厂归还其所欠的货款 60 000 元；❻销售给 A 工厂产品，价值 90 000 元，货物已发出，扣除上个月已预收的 84 000 元，差额部分 6 000 元已通过银行收到；❼销售给 C 工厂价值 80 000 元的产品，货物已发出，款项未收到；❽通过银行收到 B 工厂预付的购买产品的定金 70 000 元。

（2）致远机械制造公司单独设置"预付账款"和"预收账款"账户，2×23 年 8 月初"应付账款"、"预付账款"和"应收账款"、"预收账款"账户及其所属明细账户的余额，见表 6-3。

表 6-3 　　　　　　**债权债务结算账户期初余额表** 　　　　　　单位：元

总　　账	所属明细账	贷方余额	总　　账	所属明细账	借方余额
应付账款		125 000	预付账款		65 000
	甲公司	78 000		丙公司	35 000
	乙公司	47 000		丁公司	30 000
预收账款		99 000	应收账款		80 000
	A 工厂	84 000		C 工厂	60 000
	B 工厂	15 000		D 工厂	20 000

（3）假设致远机械制造公司不单独设置"预付账款"和"预收账款"账户，2×23 年 8 月份发生的经济业务同上，其他资料不变（提示："应付账款"和"应收账款"账户期初余额需要重新计算）。

2.要求：

根据所给资料：（1）在本书附录 2 第六章专项训练 6-7 的表 6-10 中：❶编制单独设置"预付账款"和"预收账款"账户情况下的会计分录；❷编制不单独设置"预付账款"和"预收账款"账户情况下的会计分录；❸计算在不单独设置"预付账款"和"预收账款"账户情况下"应付账款"和"应收账款"账户的期初、期末余额并指出余额的方向。

（2）或者：❶扫描"专项训练 6-7"二维码并在下载的空白表 6-10 电子表格中回答以上 3 个问题；❷通过在"财济书院"网站上注册的账号，提交完成的电子表格。

第七章　会计账簿

单项选择题自测

练习 7-1　单项选择题

在下列每小题给出的4个备选项中，只有一个符合题意。要求：❶将所选的字母序号填写在题目后的括号内；❷同时，将该题所选的字母序号填写在本书附录2第七章表7-1"单项选择题答案用纸"中；❸或者，扫描"单项选择题自测"二维码进行在线回答，回答完毕并提交后可参看正确答案与答案解析。

1.登记银行存款日记账借方的依据，除银行存款收款凭证外，还有（　　　）。

A.银行存款付款凭证　　　　　　　　B.库存现金收款凭证

C.库存现金付款凭证　　　　　　　　D.转账凭证

2.可以提供某一时日、某一类经济业务的发生和完成情况，并有利于对企业经济活动进行日常监督的会计账簿是（　　　）。

A.分类账簿　　　　B.明细账簿　　　　C.序时账簿　　　　D.总分类账簿

3."生产成本""制造费用"等成本费用类明细账一般采用（　　　）账簿。

A.三栏式　　　　　B.多栏式　　　　　C.特种格式　　　　D.借方多栏式

4.下列各项中，适用多栏式明细分类账的是（　　　）明细账。

A.应收账款　　　　B.产成品　　　　　C.原材料　　　　　D.管理费用

5.下列各项中，不适用三栏式账页的是（　　　）。

A.总分类账　　　B.应付账款明细账　　C.库存现金日记账　　D.原材料明细账

6.下列各项中，适用数量金额式账页的是（　　　）明细账。

A.生产成本　　　　B.库存商品　　　　C.在途物资　　　　D.主营业务成本

7.下列各项中，总分类账适用（　　　）账页。

A.订本式　　　　　B.活页式　　　　　C.多栏式　　　　　D.数量金额式

8.下列各项中，应在存货分类账簿中登记的经济业务是（　　　）。

A.购入一台机器设备　　　　　　　　B.采购一批原材料

C.租入一台机器设备　　　　　　　　D.接受一批委托加工材料

9.记账后，如果发现记账错误是记账凭证所列示的会计科目或金额有错误引起的，则可采用的错账更正方法是（　　　）。

A.红字更正法　　　B.划线更正法　　　C.补充登记法　　　D.选项A、B均可以

10.结账前，如发现记账凭证上所记金额不正确（其他无误），那么合理的更正方法是（　　　）。

A.一定是红字更正法   B.一定是补充登记法

C.采用划线更正法   D.采用红字更正法或补充登记法

11.根据记账凭证过账时，将890元误记为980元，更正这种错误应采用（   ）法。

A.红字更正   B.补充登记   C.划线更正   D.平行登记

12.下列各类账簿中，必须逐日、逐笔登记的账簿是（   ）。

A.明细账   B.总分类账   C.日记账   D.备查账

13.记账凭证上记账栏中的"√"表示（   ）。

A.已经登记入账   B.不需登记入账   C.此凭证作废   D.此凭证编制正确

14."应交税费——应交增值税"明细账应该采用的账页格式是（   ）。

A.借方多栏式   B.贷方多栏式   C.三栏式   D.借、贷方多栏式

15.收入类明细账，一般应采用的账页格式是（   ）。

A.三栏式   B.任意格式   C.多栏式   D.数量金额式

16.下列各项中，适用于总分类账与特种日记账的外表形式的是（   ）。

A.活页式   B.卡片式   C.订本式   D.选项A、C均可

17.下列科目的明细账中，应采用"借方多栏式"账页格式的是（   ）。

A.制造费用   B.原材料   C.应交税费   D.主营业务收入

18.期末依账簿记录计算并记录各账户的本期发生额和期末余额，会计上称为（   ）。

A.对账   B.结账   C.调账   D.查账

19.每一账页登记完毕结转下页时，对需要结计本月发生额的账户，结计"过次页"的本页合计数应当为（   ）。

A.自年初起至本页末止的累计数   B.自当月初起至本页末止的发生额合计数

C.本月累计数或本年累计数   D.本月借方合计数或贷方合计数

20.结账时，应当画通栏双红线的是（   ）。

A.结出本季度累计发生额后   B.各月末结出全年累计发生额后

C.结出当月发生额后   D.12月末结出全年累计发生额后

练习7-2   多项选择题

多项选择题自测

在下列每小题给出的5个备选项中，至少有2个符合题意。要求：❶将所选的字母序号填写在该题目后的括号内；❷同时，将该题所选的字母序号填写在本书附录2第七章表7-2"多项选择题答案用纸"中；❸或者，扫描"多项选择题自测"二维码进行在线回答，回答完毕并提交后可参看正确答案与答案解析。

1.按用途不同，账簿可分为（   ）。

A.序时账簿   B.分类账簿   C.联合账簿

D.备查账簿   E.活页式账簿

2.下列总分类账户所属的明细分类账中，采用多栏式账页格式的有（   ）。

A.原材料   B.应收账款   C.主营业务收入

D.生产成本　　　　　　　　　　E.营业外收入

3.下列总分类账户所属的明细分类账,采用借方多栏式账页格式的有（　　　）。

A.管理费用　　　　　　　B.生产成本　　　　　　　C.营业外收入

D.制造费用　　　　　　　E.主营业务收入

4.企业到银行提取现金900元备用,应登记的账簿有（　　　）。

A.总分类账　　　　　　　B.备查账　　　　　　　C.银行存款日记账

D.明细分类账　　　　　　E.库存现金日记账

5.下列专用记账凭证中,可以作为库存现金日记账登记依据的有（　　　）。

A.现金收款凭证　　　　　B.现金付款凭证　　　　　C.银行存款收款凭证

D.转账凭证　　　　　　　E.银行存款付款凭证

6.明细账的账页格式有三栏式、数量金额式、多栏式,分别适用于（　　　）。

A.债权债务明细账　　　　B.卡片式明细账　　　　　C.材料物资类明细账

D.活页式明细账　　　　　E.收入、费用成本式明细账

7.下列各项中,属于多栏式明细分类账进一步分类的有（　　　）明细账。

A.借方多栏式　　　　　　B.贷方多栏式　　　　　　C.借方、贷方多栏式

D.对方科目多栏式　　　　E.全部科目多栏式

8.下列各项中,属于明细分类账登记依据的是（　　　）。

A.原始凭证　　　　　　　B.汇总原始凭证　　　　　C.汇总记账凭证

D.记账凭证　　　　　　　E.科目汇总表

9.在会计实务中,红色墨水可用于（　　　）。

A.记账　　　　　　　　　B.结账　　　　　　　　　C.对账

D.冲账　　　　　　　　　E.划线

10.一般来说,下列各项中属于银行存款日记账登记的依据的有（　　　）。

A.现金付款凭证　　　　　B.转账凭证　　　　　　　C.银行存款付款凭证

D.现金收款凭证　　　　　E.银行存款收款凭证

11.登记会计账簿时应该做到（　　　）。

A.一律使用蓝黑墨水笔书写　　　　　B.在某些特定条件下可以使用铅笔

C.不得使用铅笔或圆珠笔书写　　　　D.在规定范围内可以使用红色墨水笔

E.未结账数字可以使用红色墨水笔书写

12.采用划线更正法,其要点是（　　　）。

A.更正人应在划线处盖章　　　　　　B.在错误的文字或数字上画一条蓝线注销

C.将正确的文字或数字用蓝字写在划线的上端

D.在错误的文字或数字（整个数字）上画一条红线注销

E.在错误的文字或数字（单个数字）上画一条红线注销

13.下列账簿中,必须按月结计发生额的是（　　　）。

A.库存现金总账　　　　　B.银行存款总账　　　　　C.库存现金日记账

D.应收账款明细账　　　　E.银行存款日记账

14.下列各项中,可采用"补充登记法"更正差错的情况有（　　　）。

A.在记账后　　　　　　　　　　　　B.发现记账凭证中应借、应贷科目有错

C.所填金额大于应填金额　　　　　　D.发现记账凭证中应借、应贷科目无错

E.所填金额小于应填金额

15.记账凭证中（ ），应用红字更正法进行错账更正。

A.没有错误但过账时发生笔误　　　　　　B.会计科目用错并已过账

C.会计科目用错但并未过账　　　　　　　D.所记金额小于应记金额并已过账

E.所记金额大于应记金额并已过账

16.记账后，发现记账凭证中应借、应贷会计科目正确，只是金额发生错误的，可采用的错账更正方法有（ ）。

A.划线更正法　　　　　　B.横线登记法　　　　　　C.红字更正法

D.补充登记法　　　　　　E.平行登记法

17.总账与其所属明细账之间的登记，应该做到（ ）。

A.登记的时点相同　　　　B.登记的方向相同　　　　C.登记的金额相同

D.登记的人员相同　　　　E.登记的原始依据相同

18.下列各项中，属于对账内容的有（ ）。

A.账证核对　　　　　　　B.账表核对　　　　　　　C.表表核对

D.账账核对　　　　　　　E.账实核对

判断题自测

练习 7-3　判断题

请判断下列每小题的正误，正确的用"√"表示，错误的用"×"表示。**要求：❶在每小题后面的括号内填入判断结果；❷同时，将其判断结果填写在本书附录2第七章表7-3"判断题答案用纸"中；❸或者，扫描"判断题自测"二维码进行在线回答，回答完毕并提交后可看正确答案与答案解析。**

1.会计账簿按其用途不同，可分为日记账、总分类账和明细分类账。　　（ ）

2.结账之前，如果发现账簿中所记文字或数字有过账笔误或计算错误，而记账凭证并没有错，则可用划线更正法更正。　　（ ）

3.在整个账簿体系中，日记账和分类账是主要账簿，备查账为辅助账簿。　（ ）

4.结账之前，如果发现记账凭证上应借、应贷会计科目无误，只是金额填写错误，则可采用划线更正法予以更正。　　（ ）

5.多栏式账页格式，一般适用于费用、成本等明细账的登记。　　（ ）

6.年终结账时对有余额的账户，应将其余额结转到下一会计年度，结转后账户的余额即变为零。　　（ ）

7.企业对受托代销的商品和受托加工的物资，可以设置备查账簿进行登记。　（ ）

8.原材料明细账的每一账页登记完毕结转到下页时，可以只将每页末的余额结转到次页，不必将本页的发生额结转到次页。　　（ ）

9.多栏式日记账，实际上是普通日记账的一种特殊形式。　　（ ）

10.应收账款明细账月末结账时，应在当月最后一笔经济业务记录之下通栏划单红线，并在下一行结出当月发生额与月末余额。　　（ ）

11.总分类账、库存现金日记账和银行存款日记账一般采用活页式账簿。　（ ）

12.月末结账时，对于各类明细账，不仅要在最后一笔经济业务记录之下画通栏单红线，还需要再结计一次余额。　　　　　　　　　　　　　　　　　　　　　（　　）

13.会计年度末旧账换新账，有关账户之间转记余额时应编制记账凭证。　（　　）

14.月末，费用类和收入类明细账结账时，要结出本月发生额并在摘要栏内注明"本月合计"字样，同时在下一行画通栏单红线。　　　　　　　　　　　　　　（　　）

15.平行登记的"同时登记"，要求总账与其所属明细账必须同一时刻登记。　（　　）

16.使用活页式账簿时，应对已登记完毕的账页连续编号，年末应装订成册，形成订本式账簿。　　　　　　　　　　　　　　　　　　　　　　　　　　　（　　）

17.明细账必须逐日、逐笔登记，总账可以定期汇总登记。　　　　　　　（　　）

18.总账可采用三栏式账页，而明细账则应根据其经济业务的特点采用不同格式的账页。　　　　　　　　　　　　　　　　　　　　　　　　　　　　　（　　）

19.分类账是对全部业务按收款、付款和转账业务进行分类登记的账簿。　（　　）

20.平行登记是指经济业务发生后，根据会计凭证，一方面要登记总账，另一方面要登记所属明细账。　　　　　　　　　　　　　　　　　　　　　　　　　（　　）

专项训练 7-1　设置并登记库存现金日记账、银行存款日记账

专项训练 7-1

1.资料：

宏大公司 2×23 年 12 月初"库存现金"账户借方余额为 6 500 元，"银行存款"账户借方余额为 136 200 元。该公司 12 月份发生的涉及库存现金和银行存款收付以及涉及"应收账款"和"应付账款"账户的经济业务所编制的记账凭证见表 7-1：

表7-1　　　　　　　　　　　　　　**记账凭证（简易）用纸**　　　　　　　　金额单位：元

序号	2×23年		凭证字号	摘　要	会计分录	
	月	日				
（1）	12	2	银付1	购入甲材料	借：原材料 　　应交税费 贷：银行存款	4 000 520 　　　4 520
（2）		2	现收1	销售A产品给个人	借：库存现金 贷：主营业务收入 　　应交税费	4 520 　　　4 000 　　　520
（3）		2	现付1	存现	借：银行存款 贷：库存现金	4 520 　　　4 520
（4）		2	现付2	张小红借款	借：其他应收款 贷：库存现金	2 000 　　　2 000

序号	2×23年 月	2×23年 日	凭证字号	摘 要	会 计 分 录	
(5)	12	2	银付2	支付前欠安源公司货款	借：应付账款 　贷：银行存款	2 000 2 000
(6)		13	现付3	办公室购买办公用品	借：管理费用 　贷：库存现金	100 100
(7)		13	现付4	车间报销办公用品	借：制造费用 　贷：库存现金	430 430
(8)		13	银付3	发放工资	借：应付职工薪酬 　贷：银行存款	35 000 35 000
(9)		15	银收1	收到大名公司欠款	借：银行存款 　贷：应收账款	169 500 169 500
(10)		15	银收2	收到华远公司欠款	借：银行存款 　贷：应收账款	73 450 73 450
(11)		15	银付4	支付光明公司货款	借：应付账款 　贷：银行存款	62 150 62 150
(12)		15	现收2	销售A产品给个人	借：库存现金 　贷：主营业务收入 　　　应交税费	6 780 6 000 780
(13)		15	现付5	存现	借：银行存款 　贷：库存现金	6 780 6 780
(14)		26	银收3	收到光盛公司欠款	借：银行存款 　贷：应收账款	5 200 5 200
(15)		26	现收3	报销张小红差旅费交回余款	借：库存现金 　贷：其他应收款	350 350
(16)		26	银付5	购买丙材料	借：原材料 　　　应交税费 　贷：银行存款	20 000 2 600 22 600
(17)		26	银收4	销售B产品	借：银行存款 　贷：主营业务收入 　　　应交税费	45 200 40 000 5 200
(18)		26	银付6	提现备用	借：库存现金 　贷：银行存款	6 000 6 000
(19)		26	现付6	支付职工困难补助	借：应付职工薪酬 　贷：库存现金	6 000 6 000

2.要求：

根据所给资料：（1）在本书附录2第七章专项训练7-1的表7-4、表7-5、表7-6、表7-7中分别开设并登记三栏式库存现金日记账和银行存款日记账（包括进行当日合计并结出当日余额，月末进行月结，年末结转下年）。（2）或者：❶扫描"专项训练7-1"二维码并在下载的表 7-4、表 7-5、表 7-6、表 7-7 电子表格中分别开设并登记三栏式库存现金日记账和银行存款日记账；❷通过在"财济书院"网站上注册的账号，提交完成的电子表格。

专项训练 7-2 设置并登记三栏式总账及其所属明细账

1.资料：

（1）青胜蓝公司：2×23 年 12 月 1 日，有关"应收账款"和"应付账款"所属明细账户的余额如下：❶"应收账款——光明公司"账户借方余额为 80 000 元，"应收账款——耀华公司"账户借方余额为 12 000 元。❷"应付账款——红星公司"账户贷方余额为 46 800 元，"应付账款——吉安公司"账户贷方余额为 82 000 元。

（2）青胜蓝公司 2×23 年 12 月份发生的涉及"应收账款"和"应付账款"账户经济业务所编制的记账凭证（简易）见表 7-2。

表 7-2 　　　　　　　　　　**记账凭证（简易）**　　　　　　　　　单位：元

2×23年 月	日	凭证 字号	摘要	会计分录	
12	1	收1	收到光明公司前欠货款	借：银行存款 　贷：应收账款——光明公司	80 000 80 000
	2	转1	赊购红星公司甲材料，已入库	借：原材料——甲材料 　应交税费——应交增值税（进项税额） 　贷：应付账款——红星公司	20 000 2 600 22 600
	2	收2	收到耀华公司前欠货款	借：银行存款 　贷：应收账款——耀华公司	12 000 12 000
	2	转2	赊销A产品给光明公司	借：应收账款——光明公司 　贷：主营业务收入——A产品 　应交税费——应交增值税（销项税额）	79 100 70 000 9 100
	10	付1	偿还前欠吉安公司的货款	借：应付账款——吉安公司 　贷：银行存款	82 000 82 000
	10	转3	赊购吉安公司甲材料，已入库	借：原材料——甲材料 　应交税费——应交增值税（进项税额） 　贷：应付账款——吉安公司	30 000 3 900 33 900
	10	收3	收到光明公司前欠货款	借：银行存款 　贷：应收账款——光明公司	79 100 79 100
	10	付2	归还前欠红星公司的货款	借：应付账款——红星公司 　贷：银行存款	46 800 46 800
	18	转4	赊销B产品给光明公司	借：应收账款——光明公司 　贷：主营业务收入——A产品 　应交税费——应交增值税（销项税额）	67 800 60 000 7 800
	18	转5	赊销A产品给耀华公司	借：应收账款——耀华公司 　贷：主营业务收入——A产品 　应交税费——应交增值税（销项税额）	90 400 80 000 10 400
	18	转6	赊购红星公司甲材料，已入库	借：原材料——甲材料 　应交税费——应交增值税（进项税额） 　贷：应付账款——红星公司	50 000 6 500 56 500

续表

2×23年		凭证字号	摘要	会计分录
月	日			
12	18	转7	赊购吉安公司乙材料，已入库	借：原材料——乙材料 40 000 应交税费——应交增值税（进项税额） 5 200 贷：应付账款——吉安公司 45 200
	24	付3	归还前欠红星公司的货款	借：应付账款——红星公司 22 600 贷：银行存款 22 600
	24	收4	收到耀华公司偿还前欠货款	借：银行存款 90 400 贷：应收账款——耀华公司 90 400
	24	付4	偿还前欠吉安公司的货款	借：应付账款——吉安公司 45 200 贷：银行存款 45 200
	24	转8	赊购红星公司甲材料，已入库	借：原材料——甲材料 25 000 应交税费——应交增值税（进项税额） 3 250 贷：应付账款——红星公司 28 250
	30	收5	收到光明公司部分前欠货款	借：银行存款 33 900 贷：应收账款——光明公司 33 900
	30	转9	赊销A产品给耀华公司	借：应收账款——耀华公司 56 500 贷：主营业务收入——A产品 50 000 应交税费——应交增值税（销项税额） 6 500

2. 要求：

根据以上资料：（1）在本书附录2第七章专项训练7-2的表7-8至表7-13中按照平行登记的要求，设置并登记三栏式"应收账款"和"应付账款"总账及其所属明细账（提示：包括进行月结和年结）。（2）或者：❶扫描"专项训练7-2"二维码并在下载的空白表7-8至表7-13电子表格中按照平行登记的要求，设置并登记三栏式"应收账款"和"应付账款"总账及其所属明细账；❷通过在"财济书院"网站上注册的账号，提交完成的电子表格。

专项训练7-3　设置并登记数量金额式明细账

1. 资料：

风帆机械公司：❶原材料的收发计价采用实际成本法，发出材料的计价采用"月末一次加权平均法"。（提示：生产领用材料所填制的"领料单"只有数量，没有金额）❷2×23年12月初"原材料"总分类账户及其所属明细账户借方余额如下："原材料"总分类账户：借方余额为89 800元，其中，甲材料5 000千克，单价9.95元，金额为49 750元；乙材料4 500千克，单价8.90元，金额为40 050元。❸该公司本月发生的涉及"原材料"账户增减的经济业务（以文字描述代替原始凭证）如下：

（1）1日，车间生产A产品，从仓库领料，填制"领料单"（编号："领"字201号），上列甲材料2 000千克、乙材料2 000千克（提示：由于发出材料的计价采用"月末一次加权平均法"，生产领用材料不编制记账凭证，只根据"领料单"登记"甲材料明细账"，"乙材料明细账"登记从略，下同）。

（2）5日，车间生产A产品从仓库领料，填制"领料单"（编号："领"字202号），上列甲材料1 500千克、乙材料1 500千克。

（3）8日，从本市大华公司购入甲、乙两种材料。❶收到的数电票"增值税专用发票"上注明：甲材料5 000千克，单价9.80元，价款49 000元，税额6 370元；乙材料6 000千克，单价8.5元，价款51 000元，税额6 630元。❷材料验收入库并填制"收料单"（编号："收"字101号）。❸价税合计113 000元，通过企业网银付讫。

（4）11日，车间生产A产品从仓库领料，填制"领料单"（编号："领"字203号），上列甲材料2 000千克、乙材料2 500千克。

（5）15日，车间生产A产品从仓库领料，填制"领料单"（编号："领"字204号），上列甲材料2 000千克、乙材料2 000千克。

（6）18日，从外地光源公司购进甲、乙两种材料。❶收到的数电票"增值税专用发票"上注明：甲材料5 500千克，单价9.40元，价款51 700元，税额为6 721元，乙材料6 500千克，单价8.20元，价款53 300元，税额6 929元。❷对方代垫运费并转来的承运单位开具的增值税专用发票上注明：运费金额6 000元，税额540元。❸材料验收入库并按照材料重量分配运费，填制"收料单"（编号："收"字102号），上列甲材料采购总成本54 450元、单位成本9.90元，上列乙材料采购总成本为56 550元、单位成本8.70元。❹收到银行转来的"托收凭证（付款通知）"，金额为125 190元，经审核，同意付款。

（7）21日，车间生产A产品从仓库领料，填制"领料单"（编号："领"字205号），上列甲材料3 500千克、乙材料4 000千克。

（8）25日，车间生产A产品从仓库领料，填制"领料单"（编号："领"字206号），上列甲材料4 000千克、乙材料3 500千克。

（9）28日，从本市大华公司购入甲、乙两种材料。❶收到的数电票"增值税专用发票"上注明：甲材料4 500千克，单价9.60元，价款43 200元，税额5 616元；乙材料5 000千克，单价8.80元，价款44 000元，税额5 720元。❷材料验收入库并填制"收料单"（编号："收"字103号）。❸价税合计98 536元，开出转账支票付讫。

（10）月末，根据"原材料明细账"期初余额（数量、金额）和本期收入发生额（数量、金额），按照"月末一次加权平均法"计算甲材料和乙材料的加权平均单价；根据"领料单"和加权平均单价计算并结转生产A产品发生的材料费用（转19）。

2.要求：

根据以上资料：（1）在本书附录2第七章专项训练7-3的表7-14、表7-15中设置并登记"原材料——甲材料"数量金额式明细账。（2）或者：❶扫描"专项训练7-3"二维码并在下载的空白表7-14、表7-15电子表格中设置并登记"原材料——甲材料"数量金额式明细账；❷通过在"财济书院"网站上注册的账号，提交完成的电子表格。

专项训练7-4　设置并登记多栏式明细账

1.资料

（1）2×23年12月，原平机械公司"生产成本"及其所属明细账户的月初、月末余额见表7-3。

表7-3　　　　　　**生产成本明细账月初、月末结存情况表**

成本计算对象		成本项目				备　注
		直接材料	直接人工	制造费用	在产品成本合计	
月初结存	A产品	25 000	15 000	10 000	50 000	月初、月末在产品成本分成本项目，按照单位在产品定额成本计算。A产品全部完工，B产品部分完工
	B产品	40 000	24 000	16 000	80 000	
月末结存	A产品	24 000	14 500	9 600	48 100	
	B产品	30 000	12 000	6 000	48 000	

（2）2×23年12月，原平机械公司发生的涉及"生产成本"和"管理费用"账户的经济业务所编制的记账凭证，见表7-4。

表7-4　　　　　　　　**记账凭证（简易）**　　　　　　　　　单位：元

2×23年		凭证字号	摘　要	会计分录	
月	日				
12	1	付1	通过企业网银支付办公大楼修理费	借：管理费用——修理费 　贷：银行存款	20 000 20 000
	1	收1	现销给前进公司产品	借：银行存款 　贷：主营业务收入——A产品 　　　　　　——B产品 　　应交税费——应交增值税（销项税额）	111 870 62 000 37 000 12 870
	10	转1	车间主任报销差旅费，结清原借款	借：管理费用——差旅费 　　应交税费——应交增值税（进项税额） 　贷：其他应收款——李光明	3 000 102 3 102
	10	转2	销售给明远公司产品，收到商业汇票	借：应收票据——明远公司 　贷：主营业务收入——A产品 　　　　　　——B产品 　　应交税费——应交增值税（销项税额）	90 400 42 000 38 000 10 400
	20	付2	办公室购买办公用品，开出转账支票支付	借：管理费用——办公费 　　应交税费——应交增值税（进项税额） 　贷：银行存款	2 000 260 2 260
	20	转3	销售产品，冲销预收账款	借：预收账款——宏达公司 　贷：主营业务收入——A产品 　　　　　　——B产品 　　应交税费——应交增值税（销项税额）	79 100 36 000 34 000 9 100
	29	收2	现销给强华公司产品	借：银行存款 　贷：主营业务收入——A产品 　　　　　　——B产品 　　应交税费——应交增值税（销项税额）	124 300 72 000 38 000 14 300
	31	转4	月末计提并结转行政管理部门固定资产折旧费	借：管理费用——折旧费 　贷：累计折旧	14 000 14 000

2×23年		凭证字号	摘　要	会计分录	
月	日				
12	31	转5	月末分配并结转材料费用	借：生产成本——A产品 　　　　　——B产品 　　管理费用——物料费 贷：原材料	199 800 165 200 5 000 　　370 000
	31	转6	月末计算并结转应付职工薪酬	借：生产成本——A产品 　　　　　——B产品 　　管理费用——工薪费 贷：应付职工薪酬——工资	60 000 40 000 30 000 　　130 000
	31	付3	支付职工体检费	借：应付职工薪酬——职工福利 贷：银行存款	18 200 　　18 200
	31	转7	分配并结转职工体检费	借：生产成本——A产品 　　　　　——B产品 　　管理费用——工薪费 贷：应付职工薪酬——职工福利	8 400 5 600 4 200 　　18 200
	31	转8	月末分配并结转制造费用	借：生产成本——A产品 　　　　　——B产品 贷：制造费用	31 800 21 200 　　53 000
	31	转9	月末计算并结转完工产品成本	借：库存商品——A产品 　　　　　——B产品 贷：生产成本——A产品 　　　　　——B产品	301 900 232 000 　　301 900 　　232 000
	31	转10	期末结转收入至"本年利润"账户	借：主营业务收入——A产品 　　　　　——B产品 贷：本年利润	212 000 147 000 　　359 000
	31	转11	期末结转费用至"本年利润"账户	借：本年利润 贷：管理费用	78 200 　　78 200

2.要求：

根据以上资料：（1）在本书附录2第七章专项训练7-4的表7-16至表7-18中回答以下3个问题：❶设置并登记借方多栏式"生产成本——A产品"明细账；❷设置并登记贷方多栏式"主营业务收入"明细账；❸设置并登记借方多栏式"管理费用"明细账。（2）或者：❶扫描"专项训练7-4"二维码并在下载的空白表7-16至表7-18电子表格中回答以上3个问题；❷通过在"财济书院"网站上注册的账号，提交完成的电子表格。

第八章　财产清查

单项选择题自测

练习 8-1　单项选择题

在下列每小题给出的4个备选项中，只有一个符合题意。要求：❶将所选的字母序号填写在题目后的括号内；❷同时，将该题所选的字母序号填写在本书附录2第八章表8-1"单项选择题答案用纸"中；❸或者，扫描"单项选择题自测"二维码进行在线回答，回答完毕并提交后可参看正确答案与答案解析。

1.财产清查是通过对货币资金、实物资产和往来款项的实地盘点或核对，来查明其（　　）是否相符的一种专门方法。

A.账簿记录与会计凭证　　　　　　　　B.有关账簿之间

C.账存数与实存数　　　　　　　　　　D.账簿记录与会计报表

2.实地盘存制与永续盘存制的主要区别是盘点的（　　）。

A.方法不同　　　　B.目的不同　　　　C.工具不同　　　　D.结果处理不同

3.一般而言，单位撤销及合并时，要进行（　　）。

A.定期清查　　　　B.全面清查　　　　C.局部清查　　　　D.实地清查

4.永续盘存制的优点是（　　）。

A.简化了存货的日常核算工作　　　　　B.省去了存货发出的记录

C.有利于加强存货的日常管理　　　　　D.在品种、规格多的企业存货明细工作量小

5.对于大量、成堆、难于清点的财产物资，应采用的清查方法是（　　）法。

A.实地盘点　　　　B.抽样盘点　　　　C.查询核对　　　　D.技术推算

6.对财产物资的收发有严密的手续，且在账簿中连续记载，便于确定结存的制度是（　　）。

A.实地盘存制　　　B.权责发生制　　　C.永续盘存制　　　D.收付实现制

7."实存账存对比表"是调整账面记录的（　　）。

A.记账凭证　　　　B.转账凭证　　　　C.累计凭证　　　　D.自制原始凭证

8.对于库存现金的清查，应将其结果及时填列（　　）。

A.盘存单　　　　　B.实存账存对比表　　C.对账单　　　　D.现金盘点报告表

9.银行存款清查的方法是（　　）。

A.日记账与总分类账核对　　　　　　　B.日记账与收付款凭证核对

C.日记账与对账单核对　　　　　　　　D.总分类账与收付款凭证核对

10.采用实地盘存制，平时账簿记录中不能反映（　　）。

A.财产物资的购进业务　　　　　　　　B.财产物资的减少数额

C.财产物资的盘盈数额　　　　　　　　D.财产物资的增加和减少数额

11.采用"实地盘存制"，对各项财产物资平时在账簿中（　　　）。

A.只记增加数、不记减少数　　　　　　B.只记减少数、不记增加数

C.先记增加数、后记减少数　　　　　　D.先记减少数、后记增加数

12.在记账无误的情况下，造成银行对账单和银行存款日记账不一致的原因是
（　　　）。

A.应付账款　　　　B.应收账款　　　　C.未达账项　　　　D.外埠存款

13."待处理财产损溢"账户的借方用来核算发生的待处理财产（　　　）。

A.盘盈数　　　　　　　　　　　　　　B.盘亏或毁损及已批准处理的财产盘盈数

C.发生待处理财产的盘盈数　　　　　　D.结转已批准处理的财产盘亏或毁损数

14."待处理财产损溢"账户期末余额（　　　）。

A.在借方　　　　　　　　　　　　　　B.在贷方

C.一般没有　　　　　　　　　　　　　D.借方、贷方均有可能

15.盘亏的固定资产按规定程序批准后，应按盘亏固定资产的净值借记（　　　）。

A."待处理财产损溢"账户　　　　　　　B."营业外支出"账户

C."累计折旧"账户　　　　　　　　　　D."固定资产清理"账户

16.执行《小企业会计准则》的企业，对于盘盈的固定资产的净值，应贷记（　　　）。

A."营业外收入"账户　　　　　　　　　B."本年利润"账户

C."管理费用"账户　　　　　　　　　　D."待处理财产损溢"账户

17.采用坏账备抵法时，企业对于无法收回的应收账款应借记（　　　）。

A."财务费用"账户　　　　　　　　　　B."营业外支出"账户

C."坏账准备"账户　　　　　　　　　　D."待处理财产损溢"账户

18.企业发生自然灾害或意外损失时的财产清查属于（　　　）。

A.定期清查　　　　B.全面清查　　　　C.技术清查　　　　D.不定期清查

19.对于企业已付并入账，但银行尚未入账的未达账项，在编制"银行存款余额调节
表"时，应在（　　　）。

A.银行对账单余额方调减　　　　　　　B.银行存款日记账余额方调减

C.银行对账单余额方调增　　　　　　　D.银行存款日记账余额方调增

20.会使银行存款日记账余额与银行对账单余额不一致的项目有（　　　）。

A.未达账项　　　　　　　　　　　　　B.银行对账单有误

C.银行存款日记账有误　　　　　　　　D.以上三项均有可能

练习8-2　多项选择题

多项选择题自测

在下列每小题给出的5个备选项中，至少有2个符合题意。**要求：❶**将所选的字母序
号填写在该题目后的括号内；**❷**同时，将该题所选的字母序号填写在本书附录2第八章表
8-2"多项选择题答案用纸"中；**❸**或者，扫描"多项选择题自测"二维码进行在线回

答，回答完毕并提交后可参看正确答案与答案解析。

1.财产清查按照清查的时间可分为（　　）。

A.全面清查　　　　　　　　B.局部清查　　　　　　　　C.定期清查

D.内部清查　　　　　　　　E.不定期清查

2.既属于不定期清查，又属于全面清查的有（　　）。

A.年终决算前的清查　　　　　　　　B.清产核资的清查

C.更换物资保管员时的清查　　　　　　D.更换主要负责人时的清查

E.单位撤销、合并或改变隶属关系前的清查

3.下列各项中，企业要进行全面清查的情形有（　　）。

A.年终决算后　　　　　　　B.清产核资时　　　　　　　C.更换出纳员时

D.关停并转时　　　　　　　E.单位主要负责人调离时

4.全面清查的对象或范围包括（　　）。

A.货币资金　　　　　　　　B.各种实物资产　　　　　　C.在途材料、商品

D.往来款项　　　　　　　　E.委托加工、保管的物资

5.进行不定期清查的主要情形有（　　）。

A.更换财产和现金保管人员时　　　　B.会计主体发生改变或隶属关系变动时

C.发生自然灾害和意外损失时　　　　D.财税部门对本单位进行会计检查时

E.企业关停并转、清产核资、破产清算时

6.下列各项中，可用作原始凭证、调整账簿记录的有（　　）。

A.实存账存对比表　　　　　　　　　B.未达账项登记表

C.库存现金盘点报告表　　　　　　　D.往来款项对账单

E.银行存款余额调节表

7.财产物资或存货的盘存制度有（　　）。

A.收付实现制　　　　　　　B.权责发生制　　　　　　　C.永续盘存制

D.实地盘存制　　　　　　　E.岗位责任制

8.常用的实物财产清查方法包括（　　）。

A.实地盘点法　　　　　　　B.技术推算法　　　　　　　C.函证核对法

D.抽样盘点法　　　　　　　E.永续盘存法

9.下列关于实地盘存制的说法中，正确的有（　　）。

A.期末对全部存货进行实地盘点　　　B.平时存货账户只记借方不记贷方

C.存货账户的减少月末一次记录　　　D.用于工业企业的称为"以存计耗"

E.用于商业企业的称为"以存计耗"或"以存计销"

10.库存现金清查的主要内容包括（　　）。

A.是否有未达账项　　　　　　　　　B.是否有白条抵库

C.是否超限额留存现金　　　　　　　D.是否坐支现金

E.是否有大额差旅费借款

11.导致银行存款日记账余额大于银行对账单余额的未达账项有（　　）。

A.企收银未收款项　　　　　　　　　B.银收企未收款项

C.企付银未付款项　　　　　　　　　D.银付企未付款项

E.企业和银行同时收款的款项

12.下列关于"银行存款余额调节表"的说法中，正确的有（　　）。

A.是一种原始凭证　　　　　　　　　　B.只起到对账作用

C.是盘存表的表现形式　　　　　　　　D.可调整账面记录

E.是银行存款清查的方法

13.编制"银行存款余额调节表"时，应以银行存款日记账余额为基础（　　）。

A.加企业未入账的收入款项　　　　　　B.加银行未入账的收入款项

C.加双方都未入账的收入款项　　　　　D.加企业未入账的支出款项

E.减企业未入账的支出款项

14.财产清查结果的账务处理步骤是（　　）。

A.核准数字并查明原因　　　　　　　　B.调整凭证记录并做到账实相符

C.调整账簿记录并做到账实相符　　　　D.进行批准后的账务处理

E.调整完毕后可注销账簿资料

15.下列各项中，需要通过"待处理财产损溢"账户进行核算的有（　　）。

A.库存现金的短缺　　　　　　　　　　B.固定资产的处置

C.存货的盘亏或毁损　　　　　　　　　D.未达账项的处理

E.无法收回的应收款项

16.报经批准后，进行盘亏财产物资的账务处理，可能涉及的借方账户有（　　）账户。

A.管理费用　　　　　　　B.营业外支出　　　　　　　C.营业外收入

D.其他应收款　　　　　　E.待处理财产损溢

17.存货盘亏损失报经批准后，可计入管理费用的有（　　）。

A.保管中产生的定额内自然损耗　　　　B.自然灾害所造成的毁损净损失

C.管理不善所造成的毁损净损失　　　　D.计量不准所造成的毁损净损失

E.因管理制度不健全而导致的原因不明的盘亏损失

18."实存账存对比表"是（　　）。

A.财产清查的重要报表　　　　　　　　B.会计账簿的重要组成部分

C.调整账簿的原始凭证　　　　　　　　D.资产负债表的附表之一

E.分析盈亏原因，明确经济责任的重要依据

练习 8-3　判断题

判断题自测

请判断下列每小题的正误，正确的用"√"表示，错误的用"×"表示。要求：❶在每小题后面的括号内填入判断结果；❷同时，将其判断结果填写在本书附录2第八章表8-3"判断题答案用纸"中；❸或者，扫描"判断题自测"二维码进行在线回答，回答完毕并提交后可参看正确答案与答案解析。

1.在永续盘存制下，仍需定期对财产物资进行实地盘点。　　　　　　　　　（　　）

2.采用先进先出法，在物价上涨时，会过低地估计企业的当期利润和库存存货价值。反之，会高估企业的当期利润和库存存货价值。　　　　　　　　　　　　　（　　）

3.对于坏账损失可以不通过"待处理财产损溢"账户核算。　　　　　　　　（　　）

4.采用加权平均法的，平时无法从账面上看出发出和结存存货的单价及金额，不利于企业加强对存货的管理。所以，对存货还应定期进行实地盘点。（　　）

5.局部清查一般适用于对流动性较大的财产物资和货币资金的清查。（　　）

6.对在银行存款清查时出现的未达账项，可编制银行存款余额调节表来调整，该表是调节账面余额的原始凭证。（　　）

7."现金盘点报告单"是对比账实差异、据以调整账簿记录的原始凭证。（　　）

8.存货发出的计价方法不同，不仅会影响企业资产负债表中的负债和所有者权益项目，同时也会影响企业资产负债表中的资产项目。（　　）

9.材料因日常收发计量不准导致溢余，报批后应贷记"营业外收入"账户。（　　）

10.为了反映和监督各单位在财产清查过程中查明的各种资产的盈亏及报经批准后的转销数额，应设置"待处理财产损溢"账户，该账户属于负债类账户。（　　）

11.通过"银行存款余额调节表"可以检查账簿记录中存在的差错。（　　）

12.永续盘存制，是对存货在会计期末通过盘点来确定其库存数量，再由此推算期末存货和本期已销售或耗用存货的核算方法。（　　）

专项训练8-1　银行存款余额调节表的编制方法

专项训练8-1

1.资料：

柳林铜业公司2×23年11月30日银行存款日记账的账面余额为126 838元，银行对账单账面余额为102 346元。经逐笔核对，发现有以下未达账项：

（1）29日，企业开出转账支票5 435元购买甲材料，企业已入账，银行尚未入账。

（2）月末，银行代企业划付银行借款利息13 200元，银行已记账，付款通知尚未送达企业。

（3）月末，有一批产品销售款项18 600元，银行已记账，收账通知尚未送达企业。

（4）月末，购货单位付给企业销货款14 000元，企业已记收讫，银行尚未入账。

（5）月末，银行接到付款通知，支付水电费21 327元，银行已记账，企业尚未入账。

2.要求：

根据所给资料：（1）在本书附录2第八章专项训练8-1的表8-4中编制"银行存款余额调节表"。（2）或者：❶扫描"专项训练8-1"二维码并在下载的空白表8-4电子表格中编制"银行存款余额调节表"；❷通过在"财济书院"网站上注册的账号，提交完成的电子表格。

专项训练8-2　未达账项的确定与银行存款余额调节表的编制

专项训练8-2

1.资料：

W公司2×23年9月份，银行存款日记账与银行对账单中的部分有关记录如下：

（1）企业银行存款日记账9月22日以后有关的账面记录如下：❶23日，存入销售货款转账支票18 000元。❷24日，开出1024号转账支票，支付委托外单位加工费3 400元。❸24日，开出1025号转账支票，支付购入材料价款12 524元。❹28日，M公司自带银行汇票金额26 000元向W公司购买原材料，W公司已将该银行汇票送交银行。❺29日，收到销售货款转账支票，金额为21 120元，已送存银行。❻29日，开出1026号转账支票，支付购买原材料的运费5 270元。❼29日，开出1027号转账支票，支付燃料费7 800元。❽30日，开出2025号现金支票，支付王科长出差预借的差旅费6 000元。❾9月30日账面余额为80 540元。

（2）银行对账单9月22日以后有关的账面记录如下：❶24日，转账收入18 000元。❷26日，代交应付电费2 800元。❸27日，开出1024号转账支票，支付加工费3 400元。❹28日，开出1025号转账支票，支付材料款12 524元。❺29日，存款利息收入828元。❻29日，支付"见票即付"的社会保障金18 200元。❼30日，开出1027号转账支票，支付燃料费7 800元。❽30日，收到托收销货款36 000元并入账。❾9月30日银行对账单余额为60 518元。

2.要求：

根据所给资料：（1）在本书附录2第八章专项训练8-2的表8-5、表8-6中回答以下2个问题：❶查明并分4种类型，写出银行存款日记账与银行对账单不符的业务有哪些（只写出序号与金额）；❷编制银行存款余额调节表。（2）或者：❶扫描"专项训练8-2"二维码并在下载的空白表8-5、表8-6电子表格中回答以上2个问题；❷通过在"财济书院"网站上注册的账号，提交完成的电子表格。

专项训练8-3　财产清查结果的账务处理

专项训练8-3

1.资料：

华瑞公司2×23年8月份发生下列与财产清查相关的经济业务。

（1）"盘存单"和"账存实存对比表"显示：盘盈甲材料3 000元，按规定先转入"待处理财产损溢"账户。

（2）上述盘盈的甲材料中：❶因自然升溢盘盈2 000元。❷因计量器具不准确盘盈1 000元。报经批准后按有关规定冲销管理费用。

（3）"盘存单"和"账存实存对比表"显示：盘亏乙材料9 000元，按规定先转入"待处理财产损溢"账户。

（4）上述盘亏的乙材料，原因已查明并已报经批准按照有关规定处理。❶因定额内自然损耗盘亏1 800元和因计量器具不准确盘亏1 200元，计入管理费用。❷部分盘亏是由于保管员王马虎失职造成的，责令其赔偿1 000元，从下月工资中扣除。❸因自然灾害损失5 000元，按规定平安保险公司应赔偿4 000元，其余计入营业外支出（非正常损失）。

（5）"盘存单"和"账存实存对比表"显示：盘亏机床一台，账面价值为43 000元，已提折旧13 000元，按规定先转入"待处理财产损溢"账户。

（6）经查，上述盘亏的固定资产系自然灾害造成的，按规定应向平安保险公司索赔 25 000 元，尚未收到款项，其余部分计入营业外支出，已报经批准处理。

（7）"盘存单"和"账存实存对比表"显示：盘盈机器设备一台，同类固定资产的市场价格为 10 000 元，经鉴定为七成新，按规定先转入"待处理财产损溢"账户。

（8）上述盘盈的固定资产，经查属原未入账设备，按照《小企业会计准则》的规定，在报经批准处理后转入"营业外收入"账户。

（9）"库存现金盘点报告表"显示，短缺现金 200 元。

（10）上述盘亏的库存现金中：❶应由出纳员赔偿 80 元，尚未收到赔款。❷无法查明原因的 120 元，报经批准处理后计入营业外支出。

（11）因双林食品公司破产倒闭，前欠的货款 650 元无法支付，报经批准后转作营业外收入。

2.要求：

根据所给资料：（1）在本书附录 2 第八章专项训练 8-3 的表 8-7 中编制报批前和报批后的会计分录。（2）或者：❶扫描"专项训练 8-3"二维码并在下载的空白表 8-7 电子表格中编制报批前和报批后的会计分录；❷通过在"财济书院"网站上注册的账号，提交完成的电子表格。

专项训练 8-4

专项训练 8-4　错账的判断与更正

1.资料：

2×23 年 12 月，太阳机械公司在结账前，经逐笔核对发现有如下错账（包括编制的记账凭证和根据记账凭证进行的账簿登记）：

（1）该公司接到银行通知，收到企业存款利息 7 000 元。❶编制的记账凭证（以会计分录代替，下同）为："借：银行存款 700，贷：财务费用 700"；❷根据记账凭证已过入"银行存款"总账借方 700 元和"财务费用"总账贷方 700 元。

（2）以银行存款支付本月厂部办公大楼修理费 1 276 元。❶编制的记账凭证为："借：管理费用 1 276，贷：银行存款 1 276"，❷根据记账凭证已过入"管理费用"总账借方 1 267 元和"银行存款"总账贷方 1 276 元。

（3）用银行存款支付前欠月亮塑料公司的货款 18 600 元。❶编制的记账凭证为："借：应付账款 18 600，贷：银行存款 18 600"；❷根据记账凭证已过入"应收账款"总账借方 18 600 元和"银行存款"总账贷方 18 600 元。

（4）以银行存款支付本月车间房屋修理费 15 000 元。❶编制的记账凭证为："借：制造费用 15 000，贷：银行存款 15 000"；❷根据记账凭证已过入"制造费用"总账借方 15 000 元和"银行存款"总账贷方 15 000 元。

（5）银行转来"托收凭证（收账通知）"，前托收的到期应收票据款 35 100 元已入账。❶编制的记账凭证为："借：银行存款 53 100，贷：应收票据 53 100"；❷根据记账凭证已过入"银行存款"总账借方 53 100 元和"应收票据"总账贷方 53 100 元。

2.要求：

根据所给资料：（1）在本书附录2第八章专项训练8-4的表8-8中回答以下3个问题：❶判断错账的性质（判断属于何种错误）；❷指出应采用的错账更正方法；❸说明错账的更正过程。（2）或者：❶扫描"专项训练8-4"二维码并在下载的空白表8-8电子表格中回答以上3个问题；❷通过在"财济书院"网站上注册的账号，提交完成的电子表格。

第九章 财务报告

单项选择题自测

练习 9-1 单项选择题

在下列每小题给出的4个备选项中，只有一个符合题意。要求：❶将所选的字母序号填写在题目后的括号内；❷同时，将该题所选的字母序号填写在本书附录2第九章表9-1"单项选择题答案用纸"中；❸或者，扫描"单项选择题自测"二维码进行在线回答，回答完毕并提交后可参看正确答案与答案解析。

1.资产负债表是反映企业（　　）财务状况的会计报表。

　　A.某一特定日期　　B.一定时期内　　C.某一年份内　　D.某一月份内

2.依照我国《企业会计准则》的要求，资产负债表采用的格式为（　　）。

　　A.报告式　　　　　B.混合式　　　　C.账户式　　　　D.多步报告式

3.编制会计报表时，以"资产=负债+所有者权益"这一会计等式作为编制依据的会计报表是（　　）。

　　A.利润表　　　　　B.成本报表　　　C.资产负债表　　D.现金流量表

4.资产负债表中的"存货"项目，应根据（　　）。

　　A."存货"账户的期末借方余额直接填列

　　B."原材料"账户和"在途物资"账户的期末借方余额之和填列

　　C."原材料""生产成本""库存商品"等账户的期末借方余额之和填列

　　D."原材料""在产品""库存商品"等账户的期末借方余额之和填列

5.下列关于资产负债表编制方法的说法中，正确的是（　　）。

　　A.所有项目都可以根据账户借方余额或贷方余额直接填列

　　B.所有项目必须对账户余额进行分析计算后才能填列

　　C.多数项目根据账户余额直接填列，少数项目根据账户发生额分析计算填列

　　D.多数项目根据账户余额直接填列，少数项目根据账户余额分析计算填列

6.确定资产负债表中各资产项目排列顺序的依据是其项目的（　　）。

　　A.重要性　　　　　B.流动性　　　　C.收益性　　　　D.时间性

7.资产负债表中各负债项目排列顺序是依据（　　）。

　　A.项目的重要性程度　　　　　　　　B.项目的金额大小

　　C.项目流动性的强弱程度　　　　　　D.清偿债务的先后顺序

8.资产负债表中各所有者权益项目是按（　　）排列。

　　A.项目的永久性递减顺序　　　　　　B.项目的永久性递增顺序

C.项目的金额大小顺序　　　　　　　　　D.破产清偿的先后顺序

9.下列项目中，在编制资产负债表时不是根据总账账户余额直接填列的是（　　）。

A.固定资产　　　　B.应交税费　　　　C.应付账款　　　　D.应付股利

10.在不设置"预收账款"账户的情况下，资产负债表中"应收账款"项目金额应根据"应收账款"总账和（　　）填列。

A.期末借方余额

B.所属各明细账的期末借方余额合计

C."应付账款"总账所属各明细账的期末借方余额合计

D."应收账款"总账借方期末余额与"应付账款"总账期末贷方余额的差额

11.在不设置"预付账款"账户的情况下，资产负债表中"应付账款"项目金额应根据"应付账款"总账和（　　）填列。

A.期末贷方余额

B.所属各明细账的期末贷方余额合计

C."应收账款"总账所属各明细账的期末贷方余额合计

D."应付账款"总账贷方期末余额与"应收账款"总账期末借方余额的差额

12.利润表是反映企业在（　　）的会计报表。

A.特定日期财务状况　　　　　　　　　B.一定时期财务状况

C.特定日期经营成果　　　　　　　　　D.一定时期经营成果

13.依照我国企业会计准则的要求，利润表所采用的格式为（　　）。

A.报告式　　　　B.混合式　　　　C.账户式　　　　D.多步报告式

14.在下列各个会计报表中，属于企业对外的静态报表的是（　　）。

A.利润表　　　　B.现金流量表　　　　C.成本报表　　　　D.资产负债表

15.以"收入-费用=利润"这一会计等式作为编制依据的会计报表是（　　）。

A.成本报表　　　　B.利润表　　　　C.现金流量表　　　　D.资产负债表

16.在利润表中，对主营业务和其他业务合并列示，而将各项利润单独列示，这一做法体现了（　　）原则。

A.真实性　　　　B.配比　　　　C.重要性　　　　D.权责发生制

17.多步式利润表中，当期损益的计算步骤依次为（　　）。

A.营业利润、利润总额、净利润　　　　B.主营业务利润、营业利润、利润总额

C.营业收入、营业利润、利润总额　　　　D.营业利润、营业外收支净额、净利润

18.多步式利润表中"利润总额"项目的计算基础是（　　）。

A.营业收入　　　　B.营业成本　　　　C.营业利润　　　　D.主营业务成本

19.企业年度财务报告的保管期限为（　　）。

A.5年　　　　B.15年　　　　C.25年　　　　D.永久保管

20.资产负债表中，负债和所有者权益项目一般按照（　　）顺序排列。

A.项目的重要性　　　　　　　　　B.项目的支付性大小

C.项目的金额大小　　　　　　　　　D.项目的求偿权先后

21.企业在对会计要素进行计量时，一般应当采用的计量属性是（　　）。

A.重置成本　　　　B.公允价值　　　　C.历史成本　　　　D.可变现净值

22.要求企业对经济业务进行会计确认、计量和报告时不应高估资产或者收益，低估

负债或者费用，反映了会计信息质量要求中的（　　　）。

　　A.谨慎性　　　　　　B.可理解性　　　　　C.可靠性　　　　　　D.实质重于形式

23.对应收账款在会计期末提取坏账准备，体现了会计信息质量要求的（　　　）。

　　A.可靠性　　　　　　B.重要性　　　　　　C.谨慎性　　　　　　D.实质重于形式

24.各企业单位处理会计业务的方法和程序在不同会计期间要保持前后一致，不得随意变更，体现了会计信息质量要求的（　　　）。

　　A.相关性　　　　　　B.重要性　　　　　　C.可理解性　　　　　D.可比性

练习 9-2　多项选择题

多项选择题自测

在下列每小题给出的5个备选项中，至少有2个符合题意。要求：❶将所选的字母序号填写在该题目后的括号内；❷同时，将该题所选的字母序号填写在本书附录2第九章表9-2"多项选择题答案用纸"中；❸或者，扫描"多项选择题自测"二维码进行在线回答，回答完毕并提交后可参看正确答案与答案解析。

1.按照会计报表所反映的经济内容不同，可分为（　　　）会计报表。

　　A.个别　　　　　　　B.合并　　　　　　　C.反映财务状况的

　　D.反映经营成果的　　E.反映费用成本的

2.会计报表的使用者包括（　　　）。

　　A.债权人　　　　　　B.潜在的投资者　　　C.企业内部管理层

　　D.投资者　　　　　　E.国家政府部门

3.资产负债表中各项目金额填列的方法有（　　　）。

　　A.根据有关总账账户余额直接填列

　　B.根据有关总账账户余额之和填列

　　C.根据有关总账账户余额之差填列

　　D.根据有关明细账户余额分析填列

　　E.根据有关总账账户发生额分析填列

4.下列各项中，不属于资产负债表中"非流动资产"项目的有（　　　）。

　　A.应收账款　　　　　B.存货　　　　　　　C.一年内到期的非流动资产

　　D.在建工程　　　　　E.交易性金融资产

5.下列账户的金额中，可能影响资产负债表中"预付账款"项目金额的有（　　　）账户。

　　A.应收账款　　　　　B.预收账款　　　　　C.应付账款

　　D.预付账款　　　　　E.银行存款

6.下列资产负债表项目中，应根据有关总分类账户余额减去其备抵账户后的净额填列的有（　　　）。

　　A.应交税费　　　　　B.固定资产　　　　　C.无形资产

　　D.长期借款　　　　　E.应收账款

7.在利润表中，应列入"税金及附加"项目中的税金有（　　　）。

A.增值税　　　　　　　　B.消费税　　　　　　　　C.教育费附加

D.资源税　　　　　　　　E.城市维护建设税

8.利润表提供的信息包括（　　　）。

A.实现的营业收入　　　　B.发生的营业成本　　　　C.资产减值损失

D.利润或亏损总额　　　　E.企业的财务状况

9.构成营业利润的项目主要包括（　　　）。

A.营业收入　　　　　　　B.营业成本　　　　　　　C.税金及附加

D.销售费用　　　　　　　E.管理费用

10.下列关于利润表的作用的说法中，正确的有（　　　）。

A.有助于分析企业的经营成果和获利能力

B.有助于考核企业管理人员的经营业绩　　C.有助于预测企业未来实现的利润

D.有助于企业管理人员的未来决策　　　　E.有助于预测未来的现金流量

11.下列各项中，关于对会计确认理解正确的有（　　　）。

A.会计确认与会计计量无关，可独立进行

B.会计确认是会计计量、记录和报告的前提

C.会计确认必须解决会计计量的问题

D.会计确认包括初次确认和再次确认两部分

E.会计确认辨认和筛选的标准是能否进行货币量化

12.会计信息质量要求的可比性所强调的一致性是指（　　　）一致。

A.会计处理方法　　　　　B.企业前后期　　　　　　C.横向企业间一致

D.收入与费用　　　　　　E.会计指标与计算口径一致

13.下列各项中，属于会计信息的首要质量要求的有（　　　）。

A.可靠性　　　　　　　　B.可比性　　　　　　　　C.可理解性

D.谨慎性　　　　　　　　E.及时性

14.下列各项中，与会计确认与计量有关的有（　　　）。

A.应计制　　　　　　　　B.配比原则　　　　　　　C.历史成本计价

D.可比性　　　　　　　　E.划分收益性支出与资本性支出

15.根据会计信息质量的谨慎性要求，对企业可能发生的损失和费用作出合理预计，通常的做法有（　　　）。

A.对应收账款计提坏账准备　　　　　　　B.固定资产加速折旧

C.对财产物资按历史成本计价　　　　　　D.对长期股权投资提取减值准备

E.存货计价采用成本与可变现净值孰低法

16.可以用于负债计量的计量属性有（　　　）。

A.历史成本　　　　　　　B.公允价值　　　　　　　C.重置成本

D.现值　　　　　　　　　E.可变现净值

17.下列各项中，体现历史成本计价原则的优点的有（　　　）。

A.交易确定的金额比较客观　　　　　　　B.存货成本接近市价

C.可防止企业随意改动　　　　　　　　　D.有原始凭证作证明可随时查证

E.会计核算手续简化，不必经常调整账目

18.下列各项中，与会计确认和计量有关的有（　　　）。

A.应计制　　　　　　　B.配比原则　　　　　　　C.历史成本计价
D.可比性　　　　　　　E.划分收益性支出与资本性支出

判断题自测

练习 9-3　判断题

请判断下列每小题的正误，正确的用"√"表示，错误的用"×"表示。要求：❶在每小题后面的括号内填入判断结果；❷同时，将其判断结果填写在本书附录2第九章表9-3"判断题答案用纸"中；❸或者，扫描"判断题自测"二维码进行在线回答，回答完毕并提交后可参看正确答案与答案解析。

1.通过资产负债表，可以了解企业在一定期间内现金流入和流出的信息及现金增减变动的原因。　　　　　　　　　　　　　　　　　　　　　　　　　　　　　　（　　）

2.企业的财务会计报告分为年度、半年度、季度和月度财务会计报告。　（　　）

3.资产负债表的"期末余额"栏各项目主要是根据总账或有关明细账期末贷方余额直接填列的。　　　　　　　　　　　　　　　　　　　　　　　　　　　　　　（　　）

4.利润表是反映企业月末、季末或年末取得的利润或发生的亏损情况的报表。（　　）

5.资产负债表中"应收账款"项目，应根据"应收账款"账户所属各明细账户的期末借方余额合计填列。　　　　　　　　　　　　　　　　　　　　　　　　　（　　）

6.资产负债表中的所有者权益内部各项目是按照流动性或变现能力排列的。　（　　）

7.利润表中"营业成本"项目，是反映企业销售产品和提供服务等主要经营业务的各项销售费用和实际成本。　　　　　　　　　　　　　　　　　　　　　　　　　（　　）

8.利润包括收入减去费用后的净额、直接计入当期利润的利得和损失等。　（　　）

9.营业利润是以主营业务利润为基础，加上其他业务利润，减去销售费用、管理费用和财务费用，再加减营业外收支计算出来的。　　　　　　　　　　　　　　　　　（　　）

10.利润表中收入类项目大多是根据收入类账户期末结转前借方发生额减去贷方发生额后的差额填列，若差额为负数，以"-"号填列。　　　　　　　　　　　　（　　）

11.账户式资产负债表分左右两方，左方为资产项目，一般按照流动性大小排列。右方为负债和所有者权益项目，一般按要求偿还的时间先后顺序排列。　　　　　（　　）

12.资产负债表的格式主要有账户式和报告式两种，我国采用的是报告式资产负债表，因此才会出现财务报告这个名词。　　　　　　　　　　　　　　　　　　　（　　）

13.谨慎性会计信息质量要求企业不仅要核算可能发生的收入，也要核算可能发生的费用和损失，以对未来的风险进行充分核算。　　　　　　　　　　　　　　　　（　　）

14.企业进入破产清算时，按照可比性要求，应仍坚持原有的会计程序与方法。
　　　　　　　　　　　　　　　　　　　　　　　　　　　　　　　　　　（　　）

15.会计信息的首要质量要求包括可靠性、相关性、可理解性和可比性。　（　　）

16.可比性原则是指会计处理方法在不同企业以及同一企业不同会计期间应当一致，不得随意变更。　　　　　　　　　　　　　　　　　　　　　　　　　　　（　　）

专项训练9-1 资产负债表有关项目的填列

1. 资料:

同顺机械公司2×23年10月31日，"应收账款"账户、"预收账款"账户、"应付账款"账户、"预付账款"账户及其所属明细账户的期末余额见表9-1。

表9-1   **有关账户期末余额资料**   单位: 万元

账户名称		期末余额		账户名称		期末余额	
总 账	明细账	借 方	贷 方	总 账	明细账	借 方	贷 方
应收账款		48		预收账款			44
	同利公司	26			A公司	19	
	光华公司		11		B公司		36
	恒和公司	33			C公司		27
应付账款			75	预付账款		78	
	新华工厂		47		M公司	35	
	光明工厂		43		N公司	59	
	同兴工厂	15			H公司		16

2. 要求:

根据所给资料: (1) 在本书附录2第九章专项训练9-1的表9-4中计算该公司2×23年10月31日资产负债表中"应收账款"项目、"应付账款"项目、"预收款项"项目和"预付款项"项目的金额。(2) 或者: ❶扫描"专项训练9-1"二维码并在下载的空白表9-4电子表格中计算该公司10月31日资产负债表中"应收账款"项目、"应付账款"项目、"预收款项"项目和"预付款项"项目的金额; ❷通过在"财济书院"网站上注册的账号，提交完成的电子表格。

专项训练9-2 资产负债表的编制

1. 资料:

2×23年12月31日，华盛机械公司有关总账及所属明细分类账户的期末余额，见表9-2。

表9-2　　　　**华盛机械公司有关总账及所属明细分类账户的期末余额表**

2×23年12月31日　　　　　　　　　　　　　　金额单位：万元

总账账户	明细账户	借方金额	总账账户	明细账户	贷方金额
库存现金		4	短期借款		350
银行存款		744	应付票据		70
交易性金融资产			应付账款		52
应收票据		281		红星公司	35
应收账款		63		华旗公司	41
	碧水公司	57		长征公司	-24
	蓝天公司	-43	预收账款		13
	大地公司	49		黄河公司	-34
预付账款		11		海河公司	59
	天路公司	8		大海公司	-12
	空港公司	7	应付职工薪酬		147
	雄鹰公司	-4	应交税费		85
其他应收款		2	应付股利		529
在途物资		14	其他应付款		1
原材料		65	实收资本		2 000
生产成本		80	资本公积		103
库存商品		90	盈余公积		228
固定资产		2 464	利润分配		100
工程物资		3	累计折旧		558
在建工程		20	累计摊销		28
无形资产		72	坏账准备		2
长期股权投资		353			
合　计		4 266	合　计		4 266

注：表中"-"为该账户的反方向余额。

2.要求：

根据所给资料：（1）在本书附录2第九章专项训练9-2的表9-5中编制华盛机械公司2×23年12月31日的资产负债表。（2）或者：❶扫描"专项训练9-2"二维码并在下载的空白表9-5电子表格中编制华盛机械公司2×23年12月31日的资产负债表；❷通过在"财济书院"网站上注册的账号，提交完成的电子表格。

专项训练9-3　所得税纳税申报表的填制

1.资料：

盛光机械公司（纳税人统一社会信用代码：91310040213456023H）2×23年度发生的费用及实现的收入情况如下：

（1）2×23年1—11月有关损益类账户累计发生额及余额见表9-3。

表9-3　　　　　**1—11月损益类账户累计发生额及余额表**　　　　单位：元

收入类账户	贷方发生额	费用类账户	借方发生额	费用类账户	借方发生额
主营业务收入	18 200 000	主营业务成本	7 550 000	管理费用	2 550 000
其他业务收入	3 100 000	其他业务成本	2 050 000	其中：研发费用	250 000
投资收益	100 000	税金及附加	1 200 000	财务费用	700 000
资产处置损益	−150 000	销售费用	2 000 000	其中：利息费用	850 000
营业外收入	600 000	营业外支出	800 000	利息收入	250 000
本年利润	3 750 000			所得税费用	1 250 000

（2）2×23年12月有关损益类账户累计发生额及余额见表9-4。

表9-4　　　　　**12月损益类账户累计发生额及余额表**
（12月份预缴所得税前）　　　　单位：元

收入类账户	贷方发生额	费用类账户	借方发生额	费用类账户	借方发生额
主营业务收入	3 950 000	主营业务成本	2 200 000	管理费用	350 000
其他业务收入	300 000	其他业务成本	200 000	其中：研发费用	90 000
投资收益	600 000	税金及附加	200 000	财务费用	210 000
资产处置损益	50 000	销售费用	400 000	其中：利息费用	200 000
营业外收入	100 000	资产减值损失	180 000	利息收入	30 000
		信用减值损失	70 000	营业外支出	110 000

2.要求：

根据所给资料：（1）在本书附录2第九章专项训练9-3的表9-6中填制盛光机械公司2×23年12月据实预缴所得税纳税申报表。（2）或者：❶扫描"专项训练9-3"二维码并在下载的表9-6电子表格中填制盛光机械公司2×23年12月份据实预缴所得税纳税申报表；❷通过在"财济书院"网站上注册的账号，提交完成的电子表格。

专项训练9-4

专项训练9-4 利润表的编制

1.资料：

盛光机械公司2×23年度发生的费用及实现的收入情况，见专项训练9-3的表9-3和表9-4及12月份应预缴所得税税额。

2.要求：

根据所给资料：（1）在本书附录2第九章专项训练9-4的表9-7中填制盛光机械公司2×23年12月份利润表（包括填列"本年累计金额"栏各项目）。（2）或者：❶扫描"专项训练9-4"二维码并在下载的空白表9-7电子表格中填制盛光机械公司2×23年12月份利润表（包括填列"本年累计金额"栏各项目）；❷通过在"财济书院"网站上注册的账号，提交完成的电子表格。

第十章 会计核算形式

单项选择题自测

练习 10-1 单项选择题

在下列每小题给出的 4 个备选项中，只有一个符合题意。**要求：❶**将所选的字母序号填写在题目后的括号内；**❷**同时，将该题所选的字母序号填写在本书附录 2 第十章表 10-1 "单项选择题答案用纸"中；**❸**或者，扫描"单项选择题自测"二维码进行在线回答，回答完毕并提交后可参看正确答案与答案解析。

1.（　　）被称为最基本的会计核算形式以及其他会计核算形式建立的基础。

A.科目汇总表会计核算形式　　　　　　B.记账凭证会计核算形式

C.汇总记账凭证会计核算形式　　　　　D.多栏式日记账会计核算形式

2.在记账凭证会计核算形式下，登记总分类账的根据是（　　）。

A.记账凭证　　　　B.日记账　　　　C.报表　　　　D.原始凭证

3.科目汇总表的基本编制方法是（　　）进行定期归类汇总。

A.按照借方会计科目　　　　　　　　　B.按照相同会计科目并分借、贷方

C.按照贷方会计科目　　　　　　　　　D.按照不同会计科目并分借、贷方

4.科目汇总表会计核算形式的特点是根据（　　）。

A.科目汇总表登记明细分类账　　　　　B.科目汇总表登记总分类账

C.汇总记账凭证登记总分类账　　　　　D.各种记账凭证直接登记总分类账

5.科目汇总表的主要缺点是不能反映出（　　）。

A.每一账户的借方发生额　　　　　　　B.每一账户的贷方发生额

C.账户之间的对应关系　　　　　　　　D.因入账前要进行试算平衡，故工作量较大

6.汇总收款凭证是按照"库存现金"或"银行存款"科目设证，定期汇总（　　）。

A.收款凭证上的借方科目　　　　　　　B.收款凭证上的贷方科目

C.付款凭证上的借方科目　　　　　　　D.付款凭证上的贷方科目

7.汇总付款凭证是按照"库存现金"或"银行存款"科目设证，定期汇总（　　）。

A.收款凭证上的借方科目　　　　　　　B.收款凭证上的贷方科目

C.付款凭证上的借方科目　　　　　　　D.付款凭证上的贷方科目

8.汇总转账凭证的设证科目是（　　）。

A.收款凭证上的贷方科目　　　　　　　B.付款凭证上的贷方科目

C.转账凭证上的贷方科目　　　　　　　D.转账凭证上的借方科目

9.汇总转账凭证的编制方法，一般是按照转账凭证上的（　　）进行定期汇总。

A.贷方科目设证并按借方科目   B.借方科目设证并按贷方科目

C.贷方科目设证并按贷方科目   D.借方科目设证并按借方科目

10.汇总记账凭证会计核算形式的特点，是根据各种汇总记账凭证直接登记（   ）。

A.明细账   B.总分类账   C.日记账   D.总账和明细账

11.科目汇总表会计核算形式和汇总记账凭证会计核算形式的主要相同点是（   ）。

A.登记总账的依据相同   B.记账凭证的汇总方法相同

C.登记总账的格式相同   D.记账凭证要进行汇总和记账的步骤相同

12.各种会计核算形式的主要区别在于（   ）。

A.登记总账的依据和方法不同   B.登记日记账的方法和依据不同

C.采用会计凭证的种类不同   D.登记各类明细账的方法和依据不同

13.汇总记账凭证会计核算形式的主要缺点在于（   ）。

A.编制汇总记账凭证比较麻烦   B.不能反映会计交易或事项

C.不能保持科目之间的对应关系   D.不能节省会计工作时间

14.所有会计核算形式在做法上的相同点，是根据各种记账凭证（   ）。

A.直接逐笔登记总分类账   B.直接逐笔登记日记总账

C.直接编制会计报表   D.直接逐笔登记明细分类账

多项选择题自测

练习 10-2　多项选择题

在下列每小题给出的5个备选项中，至少有2个符合题意。要求：❶将所选的字母序号填写在该题目后的括号内；❷同时，将该题所选的字母序号填写在本书附录2第十章表10-2"多项选择题答案用纸"中；❸或者，扫描"多项选择题自测"二维码进行在线回答，回答完毕并提交后可参看正确答案与答案解析。

1.会计循环的三个主要环节是（   ）。

A.登记会计账簿   B.设置会计科目与账户

C.填制和审核会计凭证   D.编制会计报表

E.成本计算与财产清查

2.在会计循环中，属于会计主体日常或平时会计核算工作内容的有（   ）。

A.根据原始凭证填制记账凭证   B.根据编制的记账凭证登记分类账

C.根据编制的会计报表进行报表分析   D.根据分类账记录编制结账前试算平衡表

E.根据编制的会计报表进行盈利预测

3.在会计循环中，属于会计主体期末会计核算工作内容的有（   ）。

A.编制调整分录并过账   B.编制结账分录并登账

C.编制结账后试算平衡表   D.编制会计报表

E.编制盈利预测分析表

4.记账凭证会计核算形式的优点有（   ）。

A.总分类账登记方法易于掌握   B.能够清晰地反映账户之间的对应关系

C.总账账页耗用较少   D.可以减轻总分类账登记的工作量

E.在总分类账上能够比较详细地反映经济业务的发生情况

5.科目汇总表会计核算形式的优点有（　　）。

A.可以减轻登记总账的工作量　　　　　B.可以进行账户发生额的试算平衡

C.适用性比较强　　　　　　　　　　　D.能够保证总分类账登记的正确性

E.可以明确账户之间的对应关系

6.在采用科目汇总表记账程序时，对会计人员分工较细的单位，为便于各科目的分类汇总以及科目汇总表的编制，所填制的记账凭证应符合的要求是（　　）。

A.收款凭证为一借多贷　　　　　　　　B.付款凭证为一贷多借

C.转账凭证为一贷多借　　　　　　　　D.收、付、转凭证均为一借一贷

E.转账凭证为一借一贷且一式两份（复写式）

7.以记账凭证为依据、按科目贷方设证、借方归类汇总的汇总记账凭证有（　　）。

A.汇总收款凭证　　　　B.汇总付款凭证　　　　　C.科目汇总表

D.汇总转账凭证　　　　E.多栏式日记账

8.汇总记账凭证会计核算形式的优点主要有（　　）。

A.不必再填制各种专用记账凭证　　　　B.定期编制汇总记账凭证的工作量比较小

C.可减少登记总分类账的工作量　　　　D.能够及时发现汇总过程中存在的错误

E.在汇总记账凭证上能够清晰地反映账户之间的对应关系

9.汇总记账凭证会计核算形式的缺点主要有（　　）。

A.需要填制大量的专用记账凭证　　　　B.定期编制汇总记账凭证的工作量较大

C.不能够减少登记总账的工作量　　　　D.难以及时发现汇总过程中存在的错误

E.在汇总记账凭证上不能清晰地反映账户之间的对应关系

10.为便于编制汇总收款凭证，日常编制收款凭证时，会计分录形式最好是（　　）。

A.一借一贷　　　　　　B.一借多贷　　　　　　C.多借一贷

D.多借多贷　　　　　　E.多借两贷

11.所有会计核算形式在做法上的相同点有（　　）。

A.根据原始凭证编制记账凭证　　　　　B.根据收款凭证和付款凭证登记日记账

C.根据分类账簿编制会计报表　　　　　D.根据会计凭证直接逐笔登记各种明细账

E.根据各种记账凭证直接逐笔登记总分类账

12.为便于编制汇总转账凭证，日常编制转账凭证时，会计分录形式最好是（　　）。

A.一借一贷　　　　　　B.一贷多借　　　　　　C.一借多贷

D.多借多贷　　　　　　E.一借两贷

练习 10-3　判断题

判断题自测

请判断下列每小题的正误，正确的用"√"表示，错误的用"×"表示。要求：❶在每小题后面的括号内填入判断结果；❷同时，将其判断结果填写在本书附录2第十章表10-3"判断题答案用纸"中；❸或者，扫描"判断题自测"二维码进行在线回答，回答完毕并提交后可参看正确答案与答案解析。

1. 每一个会计循环一般都是在一个特定的会计期间内完成的。　　　　　　（　　）
2. 科目汇总表是一种具有汇总性质的记账凭证。　　　　　　　　　　　　（　　）
3. 科目汇总表会计核算形式与汇总记账凭证会计核算形式的共性是均需要通过对会计凭证进行汇总，根据汇总的结果登记总分类账户。　　　　　　　　　　（　　）
4. 科目汇总表的汇总结果体现了所有账户发生额的平衡相等关系。　　　　（　　）
5. 汇总记账凭证是根据各种专用记账凭证汇总而成的。　　　　　　　　　（　　）
6. 由于各企业的业务性质、规模大小、业务繁简有所不同，它们所采用的会计核算形式也有所不同。　　　　　　　　　　　　　　　　　　　　　　　　（　　）
7. 企业应每月分别编制一张汇总收款凭证、汇总付款凭证和汇总转账凭证。（　　）
8. 在记账凭证会计核算形式下，记账凭证只能选用专用记账凭证的格式，不可以选用通用记账凭证的格式。　　　　　　　　　　　　　　　　　　　　　（　　）
9. 记账凭证会计核算形式适用于规模较大、业务量较多的单位。　　　　　（　　）
10. 同一家企业可以同时采用几种不同的会计核算形式。　　　　　　　　　（　　）

专项训练

专项训练　编制科目汇总表

1. 资料：

永丰机械公司2×23年12月：❶1—10日发生的经济业务所编制的记账凭证，见附录2第五章专项训练5-3表5-6；❷11—20日发生的经济业务所编制的记账凭证，见附录2第五章专项训练5-6表5-13；❸21—31日发生的经济业务所编制的记账凭证，见附录2第六章专项训练6-2表6-5。

2. 要求：

根据所给资料：（1）在本书附录2第十章专项训练的表10-4全表10-6中分别编制1—10日、11—20日和21—31日的科目汇总表。（2）或者：❶扫描"专项训练"二维码并在下载的空白表10-4至表10-6电子表格中分别编制1—10日、11—20日和21—31日的科目汇总表；❷通过在"财济书院"网站上注册的账号，提交完成的电子表格。

附录1 自测试题及参考答案

自测试题

一、单项选择题（本题共15分，每小题1分）

在每小题列出的4个备选项中，只有一个是符合题目要求的，将相应的字母序号填写在题目中的括号内。

1.下列关于非公司制企业的说法中，正确的是（　　）。

A.是独立的法律主体　　　　　　　B.股东负有有限的债务清偿责任

C.不是纳税主体　　　　　　　　　D.具有独立的法人资格

2.对经济业务采用货币衡量的基础、标准或工具的选择就是（　　）。

A.会计确认　　　　B.会计记录　　　　C.会计计量　　　　D.会计报告

3.下列各项中，能引起权益方有增有减的经济业务是（　　）。

A.售出机器一台，款项收存银行　　B.向银行取得短期借款转存银行

C.以银行短期借款直接偿还应付账款　D.以银行存款支付短期借款利息

4.流动资产是指其变现或耗用期在（　　）。

A.1年以内　　　　　　　　　　　B.1年内或超过1年的一个营业周期内

C.一个营业周期内　　　　　　　　D.超过1年的一个营业周期以上

5.对应收账款计提坏账准备，是为了满足会计信息质量要求的（　　）。

A.可比性　　　　B.及时性　　　　C.谨慎性　　　　D.实质重于形式

6.在借贷记账法下，发生额试算平衡的理论依据是（　　）。

A.会计恒等式　　　　　　　　　　B.借贷记账法的记账规则

C.账户的对应关系　　　　　　　　D.经济业务的类型

7.复式记账法建立的理论依据是（　　）。

A.会计恒等式　　　　　　　　　　B.借贷记账法的记账规则

C.账户的对应关系　　　　　　　　D.经济业务的类型

8.会计凭证分为原始凭证和记账凭证，其分类的依据是（　　）。

A.凭证的经济内容不同　　　　　　B.填制的程序与用途不同

C.填制的方法不同　　　　　　　　D.凭证的格式不同

9.下列各项中，不属于记账凭证应具备的基本内容的是（　　）。

A.经济业务的基本内容　　　　　　B.经济业务的内容摘要

C.填制和接收凭证单位的名称　　　D.填制单位及有关人员的签章

10.结账前，如发现记账凭证上仅金额不正确，那么合理的更正方法是（　　）。

A.红字更正法　　　　　　　　　　B.补充登记法

C.红字更正法或补充登记法　　　　D.划线更正法

11.当调整账户余额与被调整账户余额方向不同时，其功能是对被调整账户的（   ）。

A.附加调整　　　　　B.对比调整　　　　　C.备抵调整　　　　　D.集合分配

12.对于银行已记收入而企业尚未入账的各种未达账项，其入账依据是（   ）。

A.银行对账单　　　　　　　　　　　B.账存实存对比表

C.收到的银行收账通知　　　　　　　D.银行存款余额调节表

13.确定"资产负债表"中资产各项目和负债各项目排列顺序的根据是其（   ）。

A.项目的重要性程度　　　　　　　　B.项目流动性的强弱程度

C.项目的金额大小　　　　　　　　　D.债务清偿的先后顺序

14."利润表"按反映资金运动的状况分类，属于会计报表中的（   ）。

A.静态报表　　　　　B.动态报表　　　　　C.月份报表　　　　　D.汇总报表

15.科目汇总表的主要缺点是不能反映出（   ）。

A.每一账户的借方发生额　　　　　　B.每一账户的贷方发生额

C.账户之间的对应关系　　　　　　　D.过账前进行试算平衡

二、多项选择题（本题共15分，每小题1.5分）

在每小题列出的5个备选项目中，至少有2个是符合题目要求的，将相应的字母序号填写在题目中的括号内，错选、多选、少选、不选均不得分。

1.会计信息加工处理过程包括（   ）。

A.会计确认　　　　　　　B.会计记录　　　　　　　C.会计核算

D.会计计量　　　　　　　E.会计报告

2.引起资产方一个项目增加，另一个项目减少的经济业务有（   ）。

A.预借差旅费　　　　　　B.收回欠款存入银行　　　C.计提短期借款利息

D.完工产品入库　　　　　E.产品生产领用材料

3.企业以银行存款偿还债务，会引起（   ）。

A.资产总额减少　　　　　B.负债总额减少　　　　　C.负债总额增加

D.企业资本金减少　　　　E.所有者权益减少

4.下列错误中不能通过试算平衡发现的有（   ）。

A.应借应贷账户中借贷方向颠倒　　　B.借贷双方金额中一方少记，另一方多记

C.某项经济业务尚未入账　　　　　　D.借贷双方金额中重记、漏记和少记

E.一项业务与另一项业务错记金额相互抵销

5.在下列账户中，属于所有者权益账户的是（   ）。

A.利润分配　　　　　　　B.实收资本　　　　　　　C.资本公积

D.盈余公积　　　　　　　E.长期股权投资

6.职工出差归来报销差旅费，与该业务有关的原始凭证可能有（   ）。

A.职工的出差审批单　　　B.差旅费报销单　　　　　C.现金支票存根

D.企业内部收款收据　　　E.经审批的职工借款单

7.应用红字更正法进行错账更正的错账类型有记账凭证中（   ）。

A.全部正确但过账发生笔误　　　　　B.会计科目用错并已过账

C.会计科目用错但并未过账　　　　　D.所记金额小于应记金额并已过账

E.所记金额大于应记金额并已过账

8.财产清查中核对账目的方法适用于（　　　　）。

A.固定资产的清查　　　　　B.现金的清查　　　　　C.往来账项的清查

D.银行存款的清查　　　　　E.货币资金的清查

9.为了充分发挥会计报表的作用，各种对外会计报表编制的要求是（　　　　）。

A.数字真实　　　　　　　　B.内容完整　　　　　　C.编报及时

D.指标一致　　　　　　　　E.计算正确

10.以记账凭证为依据，按科目贷方设证、借方归类汇总的汇总记账凭证有（　　　　）。

A.汇总收款凭证　　　　　　B.汇总付款凭证　　　　C.汇总转账凭证

D.科目汇总表　　　　　　　E.多栏式日记账

三、名词解释（本题共10分，每小题2分）

1.复式记账法　　　　　2.会计报表　　　　　3.会计账簿

4.永续盘存制　　　　　5.成本计算

四、简述题（本题共10分，每小题5分）

1.简述资产要素的概念及特征。

2.简述总账与明细账的平行登记及其要点。

五、会计分录题（本题共34分，每小题2分）

按照借贷记账法对港城机械厂2×23年12月发生的下列经济业务，编制会计分录（要求列出明细账户）。

1.收到银行利息结算单（付款通知），本季度应付短期借款利息35 200元。

2.向兴华工厂购入甲材料2 000千克，单价30元，价款为60 000元，税额为7 800元，材料验收入库。价税合计67 800元，企业签发了一张为期5个月的商业承兑汇票。

3.仓库发出材料，用途如下：生产A产品领用甲材料4 000千克，车间一般性消耗领用乙材料800千克，厂部一般性消耗领用乙材料400千克。甲材料单价为100元/千克，乙材料单价为50元/千克。

4.分配并结转本月应付职工工资100 000元，其中，生产工人工资60 000元，管理人员工资包括：车间10 000元，厂部20 000元，销售部门10 000元。

5.计提本月固定资产折旧费20 000元，其中，归属于生产车间的折旧费为14 000元，归属于厂部的折旧费为6 000元。

6.供销科李文斌出差归来，报销差旅费1 500元（包括住宿费、飞机票，应计进项税额105元），并交回余款现金300元，结清原借款。

7.本月A产品完工入库2 000台，单位生产成本300元，结转完工产品成本。

8.向大四方公司销售A产品1 000台，单价500元，价款500 000元，税额65 000元。货物已发出，收到对方签发并承兑的商业汇票一张。

9.向光明机床厂发出A产品600台，单价500元，价款共计300 000元，税额39 000元，结清之前已预收的货款。

10.结转上述已销1 600台A产品的销售成本（假设A产品月初无库存）。

11.按本月应交增值税税额200 000元的7%和3%分别计算并结转应交城市维护建设

税和教育费附加。

12.企业购入不需要安装的生产设备一台，增值税专用发票上注明的买价为 150 000 元，增值税税额为 19 500 元，并支付物流公司运费 3 000 元，税额 270 元。全部款项已用银行存款支付，设备已经投入使用。

13.依据本月实现的利润 240 000 元，按税率 25% 计算并结转应交所得税。

14.按本年净利润 3 000 000 元的 10% 计提法定盈余公积。

15.根据董事会决议，净利润中应分配给投资者的利润为 2 100 000 元。

16."盘存单"和"账存实存对比表"显示：盘盈甲材料 3 000 元，按规定先转入"待处理财产损溢"账户。

17.盘亏乙材料 9 000 元，原因查明并已报批，按有关规定处理如下：❶定额内自然损耗盘亏 1 800 元，因计量器具不准确而盘亏 1 300 元，两者均计入管理费用；❷保管员失职盘亏 900 元，责令其赔偿；❸因自然灾害损失 5 000 元，保险公司应赔偿 4 000 元，其余作为非正常损失处理。

六、计算题（本题共 16 分）

（一）资产负债表有关项目的计算（本小题 6 分）

1.资料：华盛公司 2×23 年 12 月 31 日有关应收账款、预付账款、应付账款、预收账款所属明细账户余额见附表 1-1。

部分明细分类账户月末余额表

附表 1-1　　　　　　　　　　　2×23 年 12 月 31 日　　　　　　　　　　　单位：元

总账账户	明细账户	借方	贷方	总账账户	明细账户	借方	贷方
应收账款		848 000		应付账款			90 360
	牡丹公司	821 720			梨花公司		126 360
	月季公司		72 000		杏花公司	36 000	
	梅花公司	98 280					
预付账款		86 880		预收账款			68 000
	兰花公司	93 600			菊花公司		86 000
	桃花公司		6 720		槐花公司	18 000	

2.要求：根据以上资料，计算该公司 2×23 年 12 月 31 日资产负债表中下列项目的金额：

（1）应收账款＝　　　　　　　　　　（2）应付账款＝

（3）预付款项＝　　　　　　　　　　（4）预收款项＝

（二）编制银行存款余额调节表（本小题 6 分）

1.资料：永明机械公司 2×23 年 10 月 31 日银行存款日记账余额为 174 000 元，开户银行转来的对账单余额为 152 000 元。经逐笔核对，发现有以下未达账项：（1）企业委托银行代收的销货款 18 400 元，银行已于 29 日收妥入账，企业未接到收款通知单；（2）银行于 31 日代企业支付水电费 15 000 元，已登记入账，企业未接到付款通知单；（3）企业 29

日送存银行转账支票一张，金额为30 000元，银行尚未入账；（4）企业30日开出一张4 600元的支票，支付广告费用，银行尚未收到支票。

2.要求：根据上述未达账项，编制银行存款余额调节表，见附表1-2。

银行存款余额调节表

附表1-2　　　　　　　　　　　2×23年10月31日　　　　　　　　　　　单位：元

项　目	金　额	项　目	金　额
企业银行存款日记账余额		银行对账单余额	
加：银行已收企业未收款项		加：企业已收银行未收款项	
减：银行已付企业未付款项		减：企业已付银行未付款项	
调节后的银行存款余额		调节后的银行存款余额	

（三）月末一次加权平均法的应用（本小题4分）

1.资料：盛仁公司2×23年10月份甲材料和乙材料的购进、领用及结存情况如下：

（1）月初结存：甲材料2 000千克，单位成本20元，金额40 000元；乙材料3 000千克，单位成本30元，金额90 000元。

（2）本月购进：❶10月5日，向沈阳市光明公司购进甲材料4 000千克，单价22元，价款88 000元，购进乙材料6 000千克，单价32元，价款192 000元。购进甲、乙两种材料支付运费总计6 000元；❷10月20日，向西安市前进公司购进甲材料4 000千克，单价24元，价款96 000元，购进乙材料8 000千克，单价35元，价款280 000元。运费由对方负担。

（3）本月领用：生产A产品领用甲材料8 500千克，领用乙材料15 000千克。

2.要求：按照月末一次加权平均法计算甲、乙材料的月末结存金额。

（1）甲材料加权平均单价=

（2）乙材料加权平均单价=

（3）甲材料月末结存金额=

（4）乙材料月末结存金额=

附录2 习题答案用纸及专项训练用账表

第一章 绪 论

练习1-1 单项选择题

表1-1 单项选择题答案用纸

题号	1	2	3	4	5	6
答案						
题号	7	8	9	10	11	12
答案						
题号	13	14	15	16	17	18
答案						

练习1-2 多项选择题

表1-2 多项选择题答案用纸

题号	1	2	3	4	5	6	7
答案							
题号	8	9	10	11	12	13	—
答案							

练习1-3 判断题

表1-3 判断题答案用纸

题号	1	2	3	4	5	6	7
答案							
题号	8	9	10	11	12	13	—
答案							

专项训练 撰写"会计学基础"课程学习计划与四年学业生涯规划

表1-4 撰写"会计学基础"课程学习计划与四年学业生涯规划

1."会计学基础"课程学习规划
2.四年学业生涯规划

第二章 会计要素与会计等式

练习2-1 单项选择题

表2-1   单项选择题答案用纸

题号	1	2	3	4	5	6	7	8	9	10
答案										
题号	11	12	13	14	15	16	17	18	19	20
答案										
题号	21	22	23	24	25	26	27	28	29	30
答案										
题号	31	32	33	34	35	36	37	38	39	40
答案										
题号	41	42	43	44	45	46	47	48	49	50
答案										

练习2-2 多项选择题

表2-2   多项选择题答案用纸

题号	1	2	3	4	5	6	7	8
答案								
题号	9	10	11	12	13	14	15	16
答案								
题号	17	18	19	20	21	22	23	24
答案								
题号	25	26	27	28	29	30	31	32
答案								

练习2-3 判断题

表2-3   判断题答案用纸

题号	1	2	3	4	5	6	7	8	9	10	11	12	13	14
答案														
题号	15	16	17	18	19	20	21	22	23	24	25	26	27	28
答案														
题号	29	30	31	32	33	34	35	36	37	38	39	40	41	42
答案														

专项训练 2-1　掌握会计要素的分类及资金项目的确认与金额计算

表 2-4　　　　　　　会计要素类别及资金项目确认、金额计算表　　　　　单位：万元

序号	资产要素		负债要素		所有者权益要素	
	资金项目	金额	资金项目	金额	资金项目	金额
1						
2						
3						
4						
5						
6						
7						
8						
9						
10						
11						
12						
13						
14						
15						
16						
17						
18						
19						
20						
21						
22						
	合　计		合　计		合　计	

专项训练2-2 经济业务对会计要素增减变化的影响（一）

经济业务对会计要素的影响分析及期末金额计算表

表2-5 　　　　　　　　　　　　2×23年6月 　　　　　　　　　　　　单位：万元

经济业务	该经济业务对会计要素的影响分析
范例：用银行存款购进钢材2万元，并已验收入库	该经济业务使得企业的：资产要素"原材料"项目增加2万元，资产要素"银行存款"项目减少2万元。
（1）用银行存款购入全新机器一台，价值3万元	该经济业务使得企业的：
（2）投资人投入原材料，价值4万元	该经济业务使得企业的：
（3）以银行存款偿还所欠某单位货款5万元	该经济业务使得企业的：
（4）通过银行收到某单位前欠货款6万元	该经济业务使得企业的：
（5）将一笔长期负债7万元转为对本企业的投资	该经济业务使得企业的：
（6）按规定将资本公积8万元转为实收资本	该经济业务使得企业的：
期末有关会计要素总额的计算过程	资产总额= 负债总额= 所有者权益总额=

专项训练 2-3 经济业务对会计要素增减变化的影响（二）

经济业务对会计要素影响的增减金额分析及对会计等式影响的类型表

表2-6

会计主体：光明机械厂　2×23年2月　　　　　　　　　　　　　　　　　　单位：千元

序号	资产项目及其增减金额			负债项目及其增减金额			所有者权益项目及其增减金额			经济业务对会计等式影响的类型
	涉及的资金项目	增加额	减少额	涉及的资金项目	增加额	减少额	涉及的资金项目	增加额	减少额	
1	银行存款	30					实收资本	30		资金投入企业
2				应付账款		60	实收资本	60		权益项目内部转化
3										
4										
5										
6										
7										
8										
9										

续表

序号	资产项目及其增减金额			负债项目及其增减金额			所有者权益项目及其增减金额			经济业务对会计等式影响的类型
	涉及的资金项目	增加额	减少额	涉及的资金项目	增加额	减少额	涉及的资金项目	增加额	减少额	
10										
11										
12										
13										
14										
15										
16										
17										
18										
合计				合计			合计			
资产净增减额＝				负债净增减额＝ 权益净增减额＝			所有者权益净增减额＝			

专项训练 2-4　会计要素的进一步分类及其相互之间的数量关系

会计要素及资金项目金额计算表

表 2-7　　　　　　　　　　　　2×23 年 10 月 31 日　　　　　　　　　　　　单位：元

A 项目金额=
B 项目金额=
C 项目金额=
期末流动资产总额=
期末流动负债总额=
期末净资产总额=

专项训练 2-5　经济业务引起资产和权益项目增减变化平衡表

经济业务引起资产和权益项目增减变化平衡表

表 2-8　　　　　　　　　　　　2×23 年 2 月　　　　　　　　　　　　金额单位：千元

资产项目	金额				负债和所有者权益项目	金额			
	期初	本期发生额		期末		期初	本期发生额		期末
		增加	减少				增加	减少	
库存现金					短期借款				
银行存款					应付账款				
应收账款					预收账款				
预付账款					应交税费				
原材料					实收资本				
库存商品					资本公积				
生产成本					盈余公积				
固定资产					未分配利润				
合　计					合　计				

专项训练2-6 收入和费用要素对会计等式的影响

表2-9 <u>A、B、C、D有关项目计算表</u> 金额单位：元

A	以期末所有者权益总额为基础的计算过程如下： 甲 =
	以期末资产总额为基础的计算过程如下（提示：注意负债总额期初、期末的变化）： 甲 =
B	以期末资产总额为基础的计算过程如下（提示：注意负债总额期初、期末的变化）： 乙 =
	以期末、期初所有者权益总额的差额为基础的计算过程如下： 乙 =
C	以期初资产总额为基础的计算过程如下（提示：注意负债总额期初、期末的变化）： 丙 =
	以期初、期末所有者权益总额的差额为基础的计算过程如下： 丙 =
D	以期初负债总额为基础的计算过程如下（提示：注意资产总额期初、期末的变化）： 丁 =
	以期末资产总额和期初所有者权益总额为基础的计算过程如下： 丁 =

专项训练2-7 进一步掌握会计要素增减变化对会计等式的影响

表2-10 <u>甲、乙、丙、丁公司有关项目计算表</u> 单位：元

甲公司	期初资产总额（A）的计算 =
乙公司	收入增加额（B）的计算 =
丙公司	费用增加额（C）的计算 =
丁公司	期末负债总额（D）的计算 =

专项训练2-8 两种记账基础下收入与费用的确认与比较

表2-11 <u>收入与费用的确认与计量表</u> 单位：元

序号	权责发生制（应计制）		收付实现制（现金制）	
	收 入	费 用	收 入	费 用
（1）				
（2）				
（3）				
（4）				
（5）				
（6）				
（7）				
（8）				
（9）				
（10）				
合 计				
	利润＝		利润＝	

第三章　账户与复式记账

练习 3-1　单项选择题

表 3-1　　　　　　　　　　　单项选择题答案用纸

题号	1	2	3	4	5	6	7	8	9	10
答案										
题号	11	12	13	14	15	16	17	18	19	20
答案										

练习 3-2　多项选择题

表 3-2　　　　　　　　　　　多项选择题答案用纸

题号	1	2	3	4	5	6	7
答案							
题号	8	9	10	11	12	13	14
答案							
题号	15	16	17	18	19	20	—
答案							

练习 3-3　判断题

表 3-3　　　　　　　　　　　判断题答案用纸

题号	1	2	3	4	5	6	7	8
答案								
题号	9	10	11	12	13	14	15	—
答案								

专项训练 3-1　掌握收入和费用要素对会计等式的影响

表 3-4　　　　　　　　　　计算题答案用纸　　　　　　　　　单位：万元

题号	收入计算过程及结果
1	大明律师事务所 2×23 年 7 月份的收入=
2	大华会计师事务所 2×23 年的服务收入=

专项训练3-2　会计要素类别及会计科目名称的确认、计量与分析

表3-5　　　　　　会计要素类别及会计科目名称的确认计量表　　　　　单位：万元

序号	会计科目（名称）确认	资产	负债	所有者权益	序号	会计科目（名称）确认	资产	负债	所有者权益
1					9				
2					10				
3					11				
4					12				
5					13				
6					14				
7					15				
8					16				
	小　计					小　计			
资产合（总）计：				负债合计：			所有者权益合计：		
				负债和所有者权益总计：					

专项训练3-3　掌握各类账户的结构

表3-6　　　　　　方云食品公司2×23年4月末部分账户资料表　　　　　单位：万元

账户名称	期初余额	本期借方发生额	本期贷方发生额	期末余额
银行存款	A（　　　）	15	749	520
预收账款	B（　　　）	943	702	280
应付账款	712	C（　　　）	348	868
实收资本	6 000	D（　　　）	2 500	8 500
库存现金	178	130	E（　　　）	150
短期借款	1 600	1 000	F（　　　）	1 400
盈余公积	1 680	380	240	G（　　　）
固定资产	5 400	585	465	H（　　　）

专项训练3-4 掌握资产类和负债类账户的结构及二者之间的关系

表3-7 计算题答案用纸

有关项目金额的计算过程
（1）本月购入材料总额=
（2）本月发生的应付购货款=
（3）本月已付款的材料费用=

专项训练3-5 运用借贷记账法编制会计分录

表3-8 会计分录表

序号	会计分录	序号	会计分录
1		2	
3		4	
5		6	
7		8	
9		10	
11		12	
13		14	
15		16	
17		18	

专项训练 3-6　编制试算平衡表

表 3-9

总分类账户登记草稿（T形账户）

银行存款		实收资本	
期初余额：			期初余额：
本期发生额：	本期发生额：	本期发生额：	本期发生额：
期末余额：			期末余额：

总分类账户本期发生额及余额试算平衡表

表 3-10　　　　　　　　　　2×23年2月28日　　　　　　　　　单位：千元

账户名称	期初余额		本期发生额		期末余额	
	借方	贷方	借方	贷方	借方	贷方
库存现金						
银行存款						
应收账款						
预付账款						
原材料						
库存商品						
生产成本						
固定资产						
短期借款						
应付账款						
预收账款						
应交税费						
实收资本						
资本公积						
盈余公积						
利润分配						
合　计						

第四章　会计凭证的填制与审核

练习4-1　单项选择题

表4-1　　　　　　　　　　单项选择题答案用纸

题号	1	2	3	4	5	6	7	8	9	10
答案										
题号	11	12	13	14	15	16	17	18	19	20
答案										

练习4-2　多项选择题

表4-2　　　　　　　　　　多项选择题答案用纸

题号	1	2	3	4	5	6	7
答案							
题号	8	9	10	11	12	13	14
答案							
题号	15	16	17	18	19	20	—
答案							

练习4-3　判断题

表4-3　　　　　　　　　　判断题答案用纸

题号	1	2	3	4	5	6	7	8
答案								
题号	9	10	11	12	13	14	15	—
答案								

专项训练4-1　识读原始凭证

表4-4　　　　　　　　　　经济业务的文字描述用纸

1.经济业务A：

2.经济业务（B）：
3.经济业务（C）：
4.经济业务（D）：
5.经济业务（E）：
6.经济业务（F）：

7.经济业务（G）：

8.经济业务（H）：

9.经济业务（I）：

10.经济业务（J）：

11.经济业务（K）：

12.经济业务（L）：

专项训练 4-2　填制记账凭证

根据专项训练4-1所给的原始凭证，参考文字描述，填制以下专用记账凭证。

1.经济业务A：

收　款　凭　证　　　　　总字第＿＿号

借方科目：　　　　　　　　年　月　日　　　　　＿收字＿＿号

摘　要	贷方科目		√	金　额									
	总账科目	二级或明细科目		百	十	万	千	百	十	元	角	分	
													附件 张
合　　计													

会计主管：　　　　记账：　　　　　　出纳：　　　　　复核：　　　　　制单：

2.经济业务B：

付　款　凭　证　　　　　总字第＿＿号

贷方科目：　　　　　　　　年　月　日　　　　　＿付字＿＿号

摘　要	借方科目		√	金　额									
	总账科目	二级或明细科目		百	十	万	千	百	十	元	角	分	
													附件 张
合　　计													

会计主管：　　　　记账：　　　　　　出纳：　　　　　复核：　　　　　制单：

3.经济业务C：

转　账　凭　证　　　　　总字第＿＿号

年　月　日　　　　　＿字第＿＿号

摘　要	总账科目	明细科目	√	借方金额									贷方金额									
				百	十	万	千	百	十	元	角	分	百	十	万	千	百	十	元	角	分	
																						附件 张
合　　计																						

会计主管：　　　　记账：　　　　　　复核：　　　　　制单：

4.经济业务D（1）：

付　款　凭　证

总字第＿＿号

贷方科目：　　　　　　　　年　月　日　　　　　　　＿付字＿＿号

摘　要	借方科目		√	金　额								
	总账科目	二级或明细科目		百	十	万	千	百	十	元	角	分
合　计												

会计主管：　　　　记账：　　　　出纳：　　　　复核：　　　　制单：

4.经济业务D（2）：

付　款　凭　证

总字第＿＿号

贷方科目：　　　　　　　　年　月　日　　　　　　　＿付字＿＿号

摘　要	借方科目		√	金　额								
	总账科目	二级或明细科目		百	十	万	千	百	十	元	角	分
合　计												

会计主管：　　　　记账：　　　　出纳：　　　　复核：　　　　制单：

5.经济业务E：

付　款　凭　证

总字第＿＿号

贷方科目：　　　　　　　　年　月　日　　　　　　　＿付字＿＿号

摘　要	借方科目		√	金　额								
	总账科目	二级或明细科目		百	十	万	千	百	十	元	角	分
合　计												

会计主管：　　　　记账：　　　　出纳：　　　　复核：　　　　制单：

6.经济业务F：

收　款　凭　证
年　　月　　日

借方科目：

总字第＿＿号
＿＿收字＿＿号

摘　要	贷方科目		√	金　额									
	总账科目	二级或明细科目		百	十	万	千	百	十	元	角	分	
													附
													件
													张
合　　计													

会计主管：　　　　记账：　　　　出纳：　　　　复核：　　　　制单：

7.经济业务G：

转　账　凭　证
年　　月　　日

总字第＿＿号
＿＿字第＿＿号

摘　要	总账科目	明细科目	√	借方金额									贷方金额									
				百	十	万	千	百	十	元	角	分	百	十	万	千	百	十	元	角	分	
																						附
																						件
																						张
合　　计																						

会计主管：　　　　记账：　　　　复核：　　　　制单：

8.经济业务H（1）：

转　账　凭　证
年　　月　　日

总字第＿＿号
＿＿字第＿＿号

摘　要	总账科目	明细科目	√	借方金额									贷方金额									
				百	十	万	千	百	十	元	角	分	百	十	万	千	百	十	元	角	分	
																						附
																						件
																						张
合　　计																						

会计主管：　　　　记账：　　　　复核：　　　　制单：

8.经济业务 H（2）：

收　款　凭　证

总字第＿＿号

借方科目：　　　　　　　年　月　日　　　　　　　＿＿收字＿＿号

摘　要	贷方科目		√	金　额									
	总账科目	二级或明细科目		百	十	万	千	百	十	元	角	分	
													附
													件
													张
合　计													

会计主管：　　　　记账：　　　　出纳：　　　　复核：　　　　制单：

9.经济业务 I：

付　款　凭　证

总字第＿＿号

贷方科目：　　　　　　　年　月　日　　　　　　　＿＿付字＿＿号

摘　要	借方科目		√	金　额									
	总账科目	二级或明细科目		百	十	万	千	百	十	元	角	分	
													附
													件
													张
合　计													

会计主管：　　　　记账：　　　　出纳：　　　　复核：　　　　制单：

10.经济业务 J（1）：

转　账　凭　证

总字第＿＿号

年　月　日　　　　　　　＿＿字第＿＿号

摘　要	总账科目	明细科目	√	借方金额									贷方金额									
				百	十	万	千	百	十	元	角	分	百	十	万	千	百	十	元	角	分	
																						附
																						件
																						张
合　计																						

会计主管：　　　　记账：　　　　复核：　　　　制单：

10.经济业务 J（2）：

转　账　凭　证　　　　　　　总字第＿＿号

年　月　日　　　　　　　　＿字第＿＿号

摘　要	总账科目	明细科目	√	借方金额									贷方金额								
				百	十	万	千	百	十	元	角	分	百	十	万	千	百	十	元	角	分
合　　计																					

附件　　张

会计主管：　　　　记账：　　　　复核：　　　　制单：

11.经济业务 K：

收　款　凭　证　　　　　　　总字第＿＿号

借方科目：　　　　　年　月　日　　　　　　＿收字＿＿号

摘　要	贷方科目		√	金　额								
	总账科目	二级或明细科目		百	十	万	千	百	十	元	角	分
合　　计												

附件　　张

会计主管：　　　记账：　　　出纳：　　　复核：　　　制单：

12.经济业务 L：

付　款　凭　证　　　　　　　总字第＿＿号

贷方科目：　　　　　年　月　日　　　　　　＿付字＿＿号

摘　要	借方科目		√	金　额								
	总账科目	二级或明细科目		百	十	万	千	百	十	元	角	分
合　　计												

附件　　张

会计主管：　　　记账：　　　出纳：　　　复核：　　　制单：

第五章 制造业企业主要经济业务的核算（上）

练习5-1 单项选择题

表5-1 单项选择题答案用纸

题号	1	2	3	4	5	6	7
答案							
题号	8	9	10	11	12	13	14
答案							
题号	15	16	17	18	19	20	21
答案							

练习5-2 多项选择题

表5-2 多项选择题答案用纸

题号	1	2	3	4	5	6	7
答案							
题号	8	9	10	11	12	13	14
答案							
题号	15	16	17	18	19	20	21
答案							

练习5-3 判断题

表5-3 判断题答案用纸

题号	1	2	3	4	5	6	7	8
答案								
题号	9	10	11	12	13	14	15	—
答案								

专项训练 5-1 资金筹集经济业务的核算

表 5-4   记账凭证（简易）用纸   金额单位：元

序号	凭证字号	摘　要	会 计 分 录
（1）			
（2）			
	资本溢价=		
（3）			
（4）			
（5）			
（6）			

专项训练 5-2　投资活动经济业务的核算

表 5-5　　　　　　　　　　　　　记账凭证（简易）用纸　　　　　　　　　金额单位：元

序号	凭证字号	摘要	会计分录
固定资产入账价值＝			
（1）			
（2）			
（3）			
（4）			
工程成本＝			
（5）			
（6）			

序号	凭证字号	摘 要	会 计 分 录
		资本溢价=	
(7)			

专项训练 5-3　供应过程经济业务的核算

表 5-6　　　　　　　　　　记账凭证（简易）用纸　　　　　　　金额单位：元

序号	凭证字号	摘 要	会 计 分 录
(1)		❶ 运费分配率=	
		甲材料应负担的运费=	
		乙材料应负担的运费=	
		❷	
(2)			
(3)			
(4)			

序号	凭证字号	摘 要	会 计 分 录
❶			
(5) ❷		运费分配率＝ A材料应负担运费＝ B材料应负担运费＝	
❸			
(6)			
(7) ❶			
❷			
(8)			
(9)			

专项训练5-4　生产费用经济业务的核算

表5-7　　　　　　　　　　　　记账凭证（简易）用纸　　　　　　　　　　金额单位：元

序号	凭证字号	摘　要	会　计　分　录
		甲材料加权平均单位成本＝	
		乙材料加权平均单位成本＝	
（1）			
（2）			
（3）			
（4）			

续表

序号	凭证字号	摘 要	会 计 分 录
(5)			
(6)			
(7)			
(8)			
(9)			

序号	凭证字号	摘要	会 计 分 录
（10）			

专项训练 5-5　产品成本计算经济业务的核算

1.编制"制造费用分配表"：

制造费用分配表

表 5-8　　　　　　　　　　　2×23 年 9 月 30 日　　　　　　　　　　金额单位：元

产品名称	分配标准（直接人工）	分配率	分配金额
A 产品			
B 产品			
合　计			

2.填制"产品成本计算单"见表 5-9、表 5-10。

表 5-9　　　　　　　　　**产品成本计算单**

产品名称：A 产品　　　　　　2×23 年 9 月 30 日　　　　　　　　单位：元

月初在产品＿＿＿＿台　　　本月投产＿＿＿＿台　　　本月完工＿＿＿＿台　　　月末在产品＿＿＿＿台

摘　要	成本项目			合　计
	直接材料	直接人工	制造费用	
月初在产品定额成本				
本月生产费用				
生产费用合计				
月末在产品定额成本				
本月完工产品成本				

表 5-10

产品成本计算单

产品名称：B 产品　　　　　2×23 年 9 月 30 日　　　　　单位：元

月初在产品＿＿＿台　　　本月投产＿＿＿台　　　本月完工＿＿＿台　　　月末在产品＿＿＿台

摘　要	成本项目			合　计
	直接材料	直接人工	制造费用	
月初在产品定额成本				
本月生产费用				
生产费用合计				
月末在产品定额成本				
本月完工产品成本				

3. 填制"完工产品成本汇总表"见表 5-11。

表 5-11

完工产品成本计算单

2×23 年 9 月 30 日

附件＿＿张

单位：元

成本项目	A 产品（2 500 件）		B 产品（800 件）	
	总成本	单位成本	总成本	单位成本
直接材料				
直接人工				
制造费用				
合计				

4. 编制记账凭证：

表 5-12

记账凭证（简易）用纸

金额单位：元

序号	凭证字号	摘要	会计分录
❶		（略）	

续表

序号	凭证字号	摘　要	会　计　分　录
❷	（略）		

专项训练5-6　销售过程经济业务的核算

表5-13　　　　　　　　　　记账凭证（简易）用纸　　　　　　　　　　金额单位：元

序号	凭证字号	摘　要	会　计　分　录
（1）			
（2）	❶		
	❷		
（3）			

序号	凭证字号	摘 要	会计分录
(4) ❶			
(4) ❷			
(5)			
(6) ❶			
(6) ❷			
(7) ❶			
(7) ❷			
(8)			

续表

序号	凭证字号	摘　要	会计分录
❶ (9)		A产品加权平均单位成本＝	
		B产品加权平均单位成本＝	
		A产品销售成本＝	
		B产品销售成本＝	
❷			
(10)			
(11)			

第六章　制造业企业主要经济业务的核算（下）

练习6-1　单项选择题

表6-1　　　　　　单项选择题答案用纸

题号	1	2	3	4	5	6	7	8	9
答案									
题号	10	11	12	13	14	15	16	17	18
答案									
题号	19	20	21	22	23	24	25	26	27
答案									

练习6-2　多项选择题

表6-2　　　　　　多项选择题答案用纸

题号	1	2	3	4	5	6
答案						
题号	7	8	9	10	11	12
答案						
题号	13	14	15	16	17	18
答案						
题号	19	20	21	22	23	24
答案						
题号	25	26	27	28	29	30
答案						

练习6-3　判断题

表6-3　　　　　　判断题答案用纸

题号	1	2	3	4	5	6	7	8	9
答案									
题号	10	11	12	13	14	15	16	17	18
答案									
题号	19	20	21	22	23	24	25	26	—
答案									

专项训练6-1 销售税费经济业务的核算

表6-4 记账凭证（简易）用纸 金额单位：元

序号	凭证字号	摘 要	会计分录
（1）			
（2）			
（3）			
（4）			
（5）			
（6）			

序号	凭证字号	摘 要	会计分录
（7）	❶		进项税额= 销项税额= 应交增值税= 转出未交增值税=
	❷		
（8）	❶		应交城市维护建设税= 应交教育费附加= 应交地方教育附加=
	❷		

专项训练 6-2 期间费用与营业外收支经济业务的核算

表6-5　　　　　　　　　　记账凭证（简易）用纸　　　　　　　金额单位：元

序号	凭证字号	摘要	会计分录
（1）			
（2）	❶		
	❷		

序号		凭证字号	摘　要	会计分录
（3）	❶			
	❷			
（4）				
（5）				
（6）	❶			
	❷			
（7）				
（8）				
（9）				
（10）				
（11）				

专项训练 6-3　本年利润"表结法"的具体应用

表 6-6 <u>记账凭证（简易）用纸</u>　　　　　　　　　　　　　　　　金额单位：元

序号	凭证字号	摘　要	会计分录
（1）	❶	11月份实现的利润总额 =	
		12月份月初实际预缴11月份的所得税税额 =	
	❷		
（2）			
（3）			
（4）	❶	本年度实现的利润总额 =	
		汇算清缴本年度应补缴的所得税税额 =	
	❷		
	❸		

专项训练6-4 本年利润"账结法"的具体应用

表6-7 记账凭证（简易）用纸 金额单位：元

序号	凭证字号	摘 要	会计分录
（1）		11月份实现的利润总额=	
（2）			
（3）			
（4）	❶	本年度实现的利润总额=	
		本年度汇算清缴应补缴所得税税额=	
	❷		
	❸		

专项训练6-5 利润分配经济业务的核算

表6-8　　　　　　　　　　　记账凭证（简易）用纸　　　　　　　　　金额单位：元

序号	凭证字号	摘　要	会计分录
（1）		**本年度应计提的法定盈余公积＝**	
（2）		本年度可供分配的利润＝	
		甲公司应分配的利润＝	
		乙公司应分配的利润＝	
		丙公司应分配的利润＝	
（3）			
		年末累计未分配利润＝	

专项训练6-6　"本年利润"和"利润分配"账户的结构

表6-9　　　　　　　　有关项目金额的计算及原因分析用纸

❶	1—10月份C公司的利润总额＝
❷	11月份C公司的利润总额＝
❸	12月份C公司实现的利润总额＝
❹	C公司本年度所有者权益增加额及其原因：
❺	N公司本年实现的净利润＝

专项训练6-7　掌握结算账户的结构及具体应用

表6-10　　　　　　　　　　**会计分录表用纸**　　　　　　　　　金额单位：元

序号	会计分录	序号	会计分录
\multicolumn{4}{c}{单独设置"预付账款"和"预收账款"账户的核算}			
1		5	
2		6	
3		7	
4		8	

序号	会计分录	序号	会计分录
\multicolumn{4}{c}{不单独设置"预付账款"和"预收账款"账户的核算}			
1		5	
2		6	
3		7	
4		8	

期初余额计算	"应付账款"账户=	余额方向：
	"应收账款"账户=	余额方向：
期末余额计算	"应付账款"账户=	余额方向：
	"应收账款"账户=	余额方向：

第七章　会计账簿

练习7-1　单项选择题

表7-1　　　　　　　　　　　**单项选择题答案用纸**

题号	1	2	3	4	5	6	7
答案							
题号	8	9	10	11	12	13	14
答案							
题号	15	16	17	18	19	20	—
答案							

练习7-2　多项选择题

表7-2　　　　　　　　　　　**多项选择题答案用纸**

题号	1	2	3	4	5	6
答案						
题号	7	8	9	10	11	12
答案						
题号	13	14	15	16	17	18
答案						

练习7-3　判断题

表7-3　　　　　　　　　　　**判断题答案用纸**

题号	1	2	3	4	5	6	7
答案							
题号	8	9	10	11	12	13	14
答案							
题号	15	16	17	18	19	20	—
答案							

专项训练7-1　设置并登记库存现金日记账、银行存款日记账

提示1：为减少篇幅，"生产成本——B产品"明细账登记略；贷记"生产成本"及其成本项目专栏的金额，应用"红字"登记。

提示2：借记"主营业务收入"及其各收入项目专栏的金额，应用"红字"登记。

提示3：贷记"管理费用"及其各费用项目专栏的金额，应用"红字"登记。

表7-4

库存现金日记账

第10页

2×23年 月	日	凭证字号	摘要	对方科目	收入金额	支出金额	结存金额
11			承前页		48920 00	51498 00	6050 00
	30	现收4	收到张小红出差余款	其他应收款	300 00		
	30	银付11	提现备用	银行存款	12500 00		
		现付6	报销办公用品	管理费用		360 00	
	30	现付7	支付职工困难补助	应付职工薪酬		1990 00	
			本日合计		12800 00	1235 00	
			月结		61720 00	63840 00	6500 00
			转下页				

表7-5

库存现金日记账

第11页

2×23年		凭证字号	摘 要	对方科目	收 入 金 额									支 出 金 额									结 存 金 额								
月	日				百	十	万	千	百	十	元	角	分	百	十	万	千	百	十	元	角	分	百	十	万	千	百	十	元	角	分
			承前页																												

表7-6

银 行 存 款 日 记 账

第 32 页

2×23年 月	日	凭证字号	支票号码	摘要	对方科目	收入金额 百	十	万	千	百	十	元	角	分	支出金额 百	十	万	千	百	十	元	角	分	结存金额 百	十	万	千	百	十	元	角	分
11			（略）	承前页																						9	9	3	0	0	0	0
	30	银收7		现销大名公司产品	主营业务收入			6	7	8	0	0	0	0																		
		银付11		提现备用													1	2	5	0	0	0	0									
		银收8		收到托收的货款				4	5	2	0	0	0	0																		
		银付12		支付车间房屋修理费													6	3	6	0	0	0	0									
				本日合计			1	1	3	0	0	0	0	0			7	6	1	0	0	0	0		1	3	6	2	0	0	0	0
				月 结			7	3	7	4	3	0	0	0		6	7	4	8	6	0	0	0		1	3	6	2	0	0	0	0
				转下页																												

表7-7

银 行 存 款 日 记 账

第 33 页

2x23年		凭证字号	支票号码	摘 要	对方科目	收入金额									支出金额									结存金额								
月	日					百	十	万	千	百	十	元	角	分	百	十	万	千	百	十	元	角	分	百	十	万	千	百	十	元	角	分
			(略)	承前页																												

专项训练7-2 设置并登记三栏式总账及其所属明细账

表7-8

应收账款 明细账 总账

第 页

2×23年 月	日	凭证字号	摘要	对方科目	借方金额 百	十	万	千	百	十	元	角	分	贷方金额 百	十	万	千	百	十	元	角	分	借或贷	余额 百	十	万	千	百	十	元	角	分
11			承前页			2	6	9	8	5	0	0	0		2	5	2	0	7	3	0	0	借		1	0	3	0	0	0	0	0
	28	收5	收回欠款	银行存款												6	7	8	0	0	0	0										
	30	转10	赊销产品	主营业务收入			5	6	5	0	0	0	0																			
			月结			3	2	6	3	6	5	0	0		3	1	9	8	7	3	0	0	借			9	2	0	0	0	0	0

表7-9

应收账款　明细账

购买单位名称：　光明公司　　　　　　　　　　　　　　　　　　　总　第＿＿页　分户第＿＿页

2×23年		凭证字号	摘要	对方科目	借方金额									贷方金额									借或贷	余额								
月	日				百	十	万	千	百	十	元	角	分	百	十	万	千	百	十	元	角	分		百	十	万	千	百	十	元	角	分
11			承前页				5	6	5	0	0	0	0													5	1	6	0	0	0	0
	25	收4	收回欠款	银行存款												2	8	1	0	0	0	0				2	3	5	0	0	0	0
	30	转10	赊销产品	主营业务收入																						8	0	0	0	0	0	0

表7-10

应收账款 明细账

购买单位名称：__耀华公司__

总 第___页
分户 第___页

2×23年 月	日	凭证字号	摘 要	对方科目	借方金额 百	十	万	千	百	十	元	角	分	贷方金额 百	十	万	千	百	十	元	角	分	借或贷	余额 百	十	万	千	百	十	元	角	分
11			承前页																							4	5	9	0	0	0	0
	26	转6	赊销产品	主营业务收入			3	3	9		0	0	0													7	9	8	0	0	0	0
	28	收5	收回欠款	银行存款												6	7	8		0	0	0				1	2	0	0	0	0	0

154

应付账款　总账

表7-11　　　　　　　　　　　　　　　　　　　　　　　　　　　　　　　　　第__页

2×23年 月	日	凭证 字号	摘要	对方科目	借方金额 百	十	万	千	百	十	元	角	分	贷方金额 百	十	万	千	百	十	元	角	分	借或贷	余额 百	十	万	千	百	十	元	角	分
11			承前页			1	2	8	9	5	8	0	0		1	8	5	9	7	0	0	0	贷		1	3	5	9	1	0	0	0
	30	转8	赊购乙材料	原材料												3	3	9	0	0	0	0										
	30	付9	偿还前欠货款	银行存款			4	1	0	1	0	0	0																			
			月结			1	6	9	9	6	8	0	0		2	1	9	8	7	0	0	0	贷		1	2	8	8	0	0	0	0

表7-12

应付账款 明细账

供应单位名称：吉安公司

总 第＿页
分户 第＿页

2×23年		凭证字号	摘要	对方科目	借方金额									贷方金额									借或贷	余额								
月	日				百	十	万	千	百	十	元	角	分	百	十	万	千	百	十	元	角	分		百	十	万	千	百	十	元	角	分
11			承前页																					贷			1	0	4	5	0	0	0
	28	付7	偿还前欠货款	银行存款			5	6	4	0	0	0	0										贷			4	8	1	0	0	0	0
	30	转8	赊购乙材料	原材料												3	3	9	0	0	0	0	贷			8	2	0	0	0	0	0

表7-13

应付账款　明细账

供应单位名称：　红星公司　　　　　　　　　　　　　　　　　　　　　总　第 ___ 页
分户 第 ___ 页

2×23年		凭证字号	摘要	对方科目	借方金额									贷方金额									借或贷	余额								
月	日				百	十	万	千	百	十	元	角	分	百	十	万	千	百	十	元	角	分		百	十	万	千	百	十	元	角	分
			承前页																				贷			5	7	4	1	8	0	0
11	28	转7	赊购甲材料	原材料												3	0	3	9	2	0	0	贷			8	7	8	1	0	0	0
	30	付9	偿还前欠货款	银行存款			4	1	0	1	0	0	0										贷			4	6	8	0	0	0	0

专项训练 7-3　设置并登记数量金额式明细账

表 7-14　　　　　　　　　　　　**记账凭证（简易）用纸**　　　　　　　　　单位：元

序号	2×23年		凭证字号	摘　要	会 计 分 录
	月	日			
3					
6					
9					
10				甲材料加权平均单价=	
				乙材料加权平均单价=	
				生产A产品发生的材料费用=	
			转19		

表7-15

原 材 料 明 细 账

材料名称：甲材料　　计量单位：　　仓库：　　编号：

2×23年		凭证字号	摘要	收入			发出			结存		
月	日			数量	单价	金额	数量	单价	金额	数量	单价	金额
11			承前页	11 600		114 634	11 200			2 000		
	29	收103	购进	3 000	9.92	29 760				5000		
	30	转18	结转发出材料成本				11 200	9.95	111 440		9.95	49 750
			月结	14 600		144 394	11 200	9.95	111 440	5 000	9.95	49 750

专项训练7-4 设置并登记多栏式明细账

生产成本 明细账

表7-16

产品名称: ____A产品____

总 第 ____ 页
分户第 ____ 页

2×23年		凭证字号	摘要	借方发生额										成本项目			
月	日			千	百	十	万	千	百	十	元	角	分	直接材料	直接人工	制造费用	合计
11	28	转6	承前页			3	1	0	5	0	0	0	0	225 000	85 500		
			分配并结转制造费用				4	2	6	0	0	0	0			42 600	
	30	转7	结转完工产品成本			3	6	2	6	0	0	0	0	231 200	89 600	41 800	
	30		月末在产品成本				5	0	0	0	0	0	0	25 000	15 000	10 000	50 000

表7-17

主营业务收入 明细账

总 第____页
分户第____页

2×23年		凭证字号	摘要	贷方发生额										（贷）方金额分析		
月	日			千	百	十	万	千	百	十	元	角	分	A产品	B产品	C产品
11			承前页			3	3	7	9	0	0	0	0	180 000	157 900	
	28	转10	赊销产品			8	6	2	0	0	0	0	0	54 500	31 700	321 200
	30	转14	结转收入至本年利润账户			4	2	4	1	0	0	0	0	234 500	189 600	
			本年累计		3	9	1	4	3	0	0	0	0	1 965 000	1 628 100	

表7-18

管理费用 明细账

总 第　　页
分户第　　页

2×23年 月	日	凭证字号	摘　要	借方发生额 千	百	十	万	千	百	十	元	角	分	（借）方金额分析 修理费	差旅费	办公费	折旧费	物料费	工薪费
11			承前页				6	7	2	5	0	0	0	17 500	2 750	1 500	14 000	3 500	28 000
	30	转6	计提职工福利					3	9	2	0	0	0						3 920
	30	转10	结转费用至本年利润				7	1	1	7	0	0	0	17 500	2 750	1 500	14 000	3 500	31 920
	30		本年累计			7	4	5	1	7	0	0	0	157 500	30 200	11 520	147 000	22 750	376 200

第八章　财产清查

练习8-1　单项选择题

表8-1　　　　　　　　　　　单项选择题答案用纸

题号	1	2	3	4	5	6	7	8	9	10
答案										
题号	11	12	13	14	15	16	17	18	19	20
答案										

练习8-2　多项选择题

表8-2　　　　　　　　　　　多项选择题答案用纸

题号	1	2	3	4	5	6
答案						
题号	7	8	9	10	11	12
答案						
题号	13	14	15	16	17	18
答案						

练习8-3　判断题

表8-3　　　　　　　　　　　判断题答案用纸

题号	1	2	3	4	5	6
答案						
题号	7	8	9	10	11	12
答案						

专项训练8-1　银行存款余额调节表的编制方法

表8-4

银行存款余额调节表

2×23年11月30日　　　　　　　　　　　　　　　单位：元

项　目	金　额	项　目	金　额
企业银行存款日记账余额		银行对账单余额	
调节后余额		调节后余额	

专项训练8-2　未达账项的确定与银行存款余额调节表的编制

表8-5

未达账项确认表

未达账项类型	未达账项具体内容（只列序号和金额）
1.银行已收、企业未收款项	
2.银行已付、企业未付款项	
3.企业已收、银行未收款项	
4.企业已付、银行未付款项	

银行存款余额调节表

表8-6　　　　　　　　　　　　　2×23年9月30日　　　　　　　　　　　　　单位：元

项　目	金　额	项　目	金　额
企业银行存款日记账余额		银行对账单余额	
加：银行已收企业未收项		加：企业已收银行未收款项	
减：银行已付企业未付项		减：企业已付银行未付款项	
调节后余额		调节后余额	

专项训练8-3 财产清查结果的账务处理

表 8-7   会计分录用纸   单位：元

序号	会计分录	序号	会计分录
1		2	
3		4	
5			
6		7	
		9	
8			
11		10	

专项训练8-4 错账的判断与更正

表 8-8   错账性质、更正方法、更正过程的说明表

序号		错账性质、更正方法、更正过程的说明
1	❶ 错账性质	
	❷ 更正方法	
	❸ 更正过程	

序号			错账性质、更正方法、更正过程的说明
2	❶	错账性质	
	❷	更正方法	
	❸	更正过程	
3	❶	错账性质	
	❷	更正方法	
	❸	更正过程	
4	❶	错账性质	
	❷	更正方法	
	❸	更正过程	
5	❶	错账性质	
	❷	更正方法	
	❸	更正过程	

第九章　财务报告

练习9-1　单项选择题

表9-1　　　　　　　　　　　　　　单项选择题答案用纸

题号	1	2	3	4	5	6	7	8
答案								
题号	9	10	11	12	13	14	15	16
答案								
题号	17	18	19	20	21	22	23	24
答案								

练习9-2　多项选择题

表9-2　　　　　　　　　　　　　　多项选择题答案用纸

题号	1	2	3	4	5	6
答案						
题号	7	8	9	10	11	12
答案						
题号	13	14	15	16	17	18
答案						

练习9-3　判断题

表9-3　　　　　　　　　　　　　　判断题答案用纸

题号	1	2	3	4	5	6	7	8
答案								
题号	9	10	11	12	13	14	15	16
答案								

专项训练9-1　资产负债表有关项目的填列

表9-4　　　　　　　　　资产负债表有关项目计算表　　　　　　　金额单位：万元

序号	有关项目金额的计算过程
1	"应收账款"项目＝
2	"应付账款"项目＝
3	"预收款项"项目＝
4	"预付款项"项目＝

专项训练 9-2 资产负债表的编制

表 9-5

资产负债表

会企 01 表

编制单位：华盛机械公司　　　　　　　　2×23 年 12 月 31 日　　　　　　　　单位：万元

资产	期末余额	上年年末余额	负债和所有者权益	期末余额	上年年末余额
流动资产：		（略）	流动负债：		（略）
货币资金			短期借款		
交易性金融资产			交易性金融负债		
衍生金融资产			衍生金融负债		
应收票据			应付票据		
应收账款			应付账款		
预付款项			预收款项		
其他应收款			合同负债		
存货			应付职工薪酬		
合同资产			应交税费		
持有待售资产			其他应付款		
一年内到期的非流动资产			持有待售负债		
其他流动资产			一年内到期的非流动负债		
流动资产合计			其他流动负债		
非流动资产：			流动负债合计		
债权投资			非流动负债：		
其他债权投资			长期借款		
长期应收款			应付债券		
长期股权投资			长期应付款		
其他权益工具投资			预计负债		
投资性房地产			其他非流动负债		
固定资产			非流动负债合计		
在建工程			负债合计		
生产性生物资产			所有者权益：		
油气资产			实收资本		
无形资产			其他权益工具		
开发支出			资本公积		
商誉			其他综合收益		
长期待摊费用			盈余公积		
其他非流动资产			未分配利润		
非流动资产合计			所有者权益合计		
资产总计			负债和所有者权益总计		

单位负责人：姚颖莉　　　　财务负责人：莫奎遂　　会计主管：甄仁珍

专项训练 9-3　所得税纳税申报表的填制

表 9-6　　**中华人民共和国企业所得税月（季）度预缴纳税申报表（A类）**

税款所属期间：2×23 年 12 月 1 日至 2×23 年 12 月 31 日

纳税人识别号（统一社会信用代码）：□□□□□□□□□□□□□□□□□□

纳税人名称：盛光机械公司　　　　　　　　　　　　　　金额单位：人民币元（列至角分）

优惠及附报事项有关信息									
项目	一季度		二季度		三季度		四季度		季度平均值
	季初	季末	季初	季末	季初	季末	季初	季末	
从业人数									
资产总额（万元）									
国家限制或禁止行业	□是 ☑否				小型微利企业			□是 ☑否	
附报事项名称									
事项 1	（填写特定事项名称）								
事项 2	（填写特定事项名称）								

	预缴税款计算	本年累计
1	营业收入	
2	营业成本	
3	利润总额	
4	加：特定业务计算的应纳税所得额	
5	减：不征税收入	
6	减：资产加速折旧、摊销（扣除）调减额（填写 A201020）	
7	减：免税收入、减计收入、加计扣除（7.1+7.2+…）	
8	减：所得减免（8.1+8.2+…）	
9	减：弥补以前年度亏损	
10	实际利润额（3+4-5-6-7-8-9）\按照上一纳税年度应纳税所得额平均额确定的应纳税所得额	
11	税率(25%)	
12	应纳所得税额（10×11）	
13	减：减免所得税额（13.1+13.2+…）	
14	减：本年实际已缴纳所得税额	
15	减：特定业务预缴（征）所得税额	
16	本期应补（退）所得税额（12-13-14-15）\税务机关确定的本期应纳税所得额	
	实际缴纳企业所得税计算	
23	减：民族自治地区企业所得税地方分享部分： □免征　□减征：减征幅度＿＿%	本年累计应减免金额 [（12-13-15）×40%×减征幅度]
24	实际应补（退）所得税额	

谨声明：本纳税申报表是根据国家税收法律法规及相关规定填报的，是真实的、可靠的、完整的。

　　　　　　　　　　　　　　　　　　　　纳税人（签章）：　　　　　2×23 年 12 月 31 日

经办人： 经办人身份证号： 代理机构签章： 代理机构统一社会信用代码：	受理人： 受理税务机关（章）： 受理日期：2×23 年 12 月 31 日

　　　　　　　　　　　　　　　　　　　　　　　　　　　　　　　国家税务总局监制

注：本表的营业收入、营业成本项目仅填企业发生的主营业务和其他业务，与利润总额计算无关。

专项训练 9-4　利润表的编制

表 9-7

利润表

会企 02 表

编制单位：盛光机械公司　　　　　　2×23 年 12 月　　　　　　　　单位：元

项　目	行次	本期金额	本年累计金额
一、营业收入	（略）		
减：营业成本			
税金及附加			
销售费用			
管理费用			
研发费用			
财务费用			
其中：利息费用			
利息收入			
加：其他收益			
投资收益（损失以"-"号填列）			
其中：对联营企业和合营企业的投资收益			
净敞口套期收益（损失以"-"号填列）			
公允价值变动收益（损失以"-"号填列）			
信用减值损失（损失以"-"号填列）			
资产减值损失（损失以"-"号填列）			
资产处置收益（损失以"-"号填列）			
二、营业利润（亏损以"-"号填列）			
加：营业外收入			
减：营业外支出			
三、利润总额（亏损总额以"-"号填列）			
减：所得税费用			
四、净利润（净亏损以"-"号填列）			
（一）持续经营净利润（净亏损以"-"号填列）			
（二）终止经营净利润（净亏损以"-"号填列）			
五、其他综合收益的税后净额			
（一）不能重分类进损益的其他综合收益			
（二）将重分类进损益的其他综合收益			
六、综合收益总额			
七、每股收益：			
（一）基本每股收益			
（二）稀释每股收益			

第十章　会计核算形式

练习10-1　单项选择题

表10-1　　　　　　　　　　单项选择题答案用纸

题号	1	2	3	4	5	6	7
答案							
题号	8	9	10	11	12	13	14
答案							

练习10-2　多项选择题

表10-2　　　　　　　　　　多项选择题答案用纸

题号	1	2	3	4	5	6
答案						
题号	7	8	9	10	11	12
答案						

练习10-3　判断题

表10-3　　　　　　　　　　判断题答案用纸

题号	1	2	3	4	5	6	7	8	9	10
答案										

专项训练　编制科目汇总表

表10-4　　　　　　　　　科 目 汇 总 表　　　　　　　　科汇_1 号

1—10日发生额

会计科目	发生额		会计科目	发生额	
	借方	贷方		借方	贷方
银行存款			应付账款		
原材料			应付票据		
在途物资			应交税费		
应收账款					
预付账款			合　计		

表 10-5　　　　　　　　　　**科 目 汇 总 表**　　　　　　　　科汇_2_号

11—20 日发生额

会计科目	发生额		会计科目	发生额	
	借方	贷方		借方	贷方
银行存款			应交税费		
应收账款			主营业务收入		
应收票据			其他业务收入		
原材料			主营业务成本		
库存商品			其他业务成本		
生产成本			销售费用		
预收账款			合　计		

表 10-6　　　　　　　　　　**科 目 汇 总 表**　　　　　　　　科汇_3_号

21—31 日发生额

会计科目	发生额		会计科目	发生额	
	借方	贷方		借方	贷方
库存现金			应交税费		
银行存款			应付利息		
预付账款			制造费用		
其他应收款			销售费用		
原材料			管理费用		
累计摊销			财务费用		
短期借款			营业外收入		
应付账款			合　计		